AF570437

GRAMMAIRE
DU
CRÉOLE MARTINIQUAIS

en 50 leçons

© L'Harmattan, 1999
ISBN : 2-7384-7677-5

Pierre PINALIE Jean BERNABÉ

GRAMMAIRE DU CRÉOLE MARTINIQUAIS

en 50 leçons

L'Harmattan
5-7, rue de l'École Polytechnique
75005 Paris - FRANCE

L'Harmattan Inc.
55, rue Saint-Jacques
Montréal (Qc) - CANADA H2Y 1K9

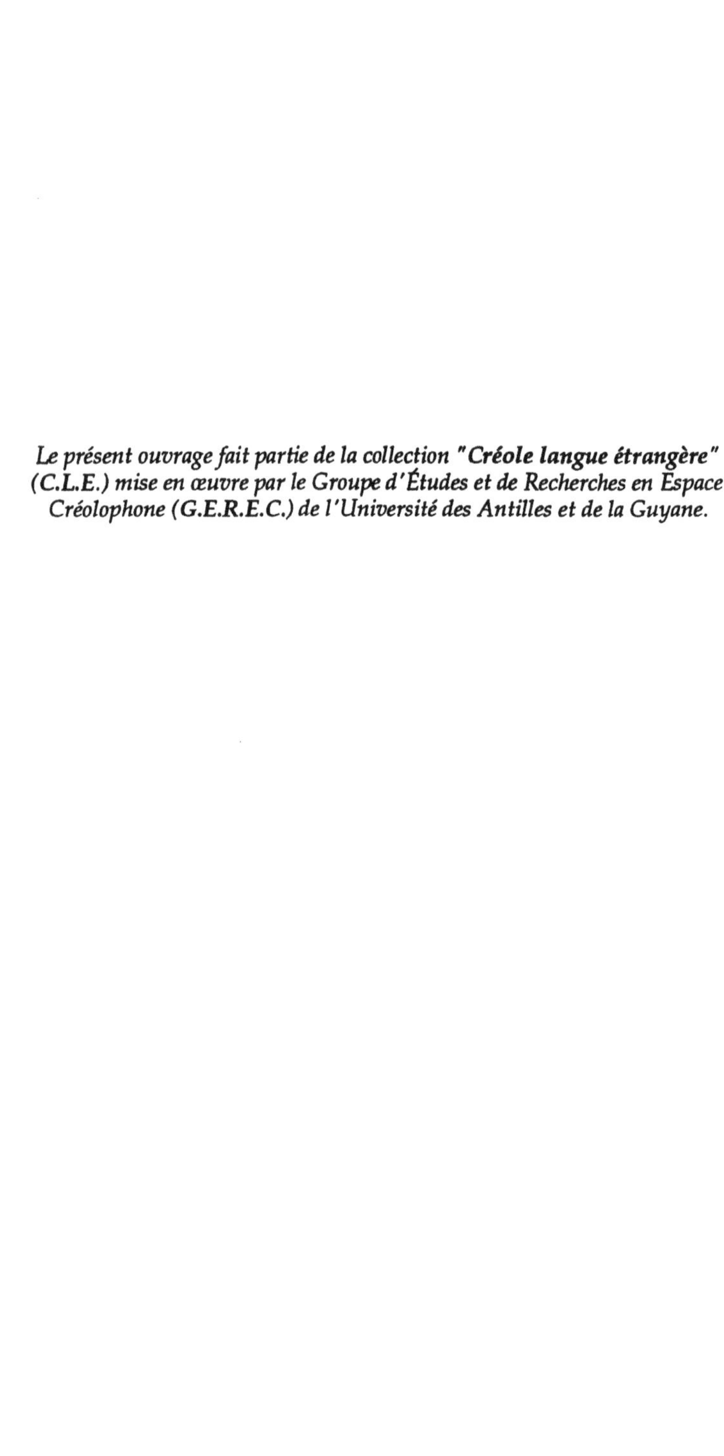

*Le présent ouvrage fait partie de la collection "**Créole langue étrangère**" (C.L.E.) mise en œuvre par le Groupe d'Études et de Recherches en Espace Créolophone (G.E.R.E.C.) de l'Université des Antilles et de la Guyane.*

PRÉFACE

Dire que le créole est une langue internationale a longtemps été considéré comme une assertion emphatique aux yeux de ceux qui n'estimaient cette langue qu'au prorata minorant de la réalité patoisante. Inversement, l'internationalité étant un trait qui définit la simple situation de partage d'un même objet entre plusieurs nations, on ne peut se satisfaire d'un tel attribut comme instrument du développement du créole en dehors de l'espace géographique, certes diversifié (Caraïbe, Océan Indien), mais relativement étroit où il opère. Cela est tout à fait insuffisant pour garantir la permanence, la vitalité et la diffusion d'un idiome, quel qu'il soit, en dehors de ses frontières linguistiques.

Il importe, si on veut atteindre pour le créole les objectifs précités, que soient développées un certain nombre de pratiques propres à conférer à cette langue le statut de "langue étrangère". Car il n'est pas vrai, sauf à prendre la paille des mots pour le grain des choses, que le rapport d'extériorité que, dans le vaste monde, les non créolophones entretiennent avec le créole, assigne ipso facto à ce dernier le statut de "langue étrangère". Un tel statut, sur le marché mondial des interactions langagières, n'est jamais donné : il s'acquiert, il se conquiert, un tel processus ne pouvant qu'être corrélatif du recul de pratiques à fondement purement ethnique. Longtemps, en effet, le créole a fonctionné et a été considéré comme l'ingrédient majeur d'une connivence, une langue véritablement assignée à résidence dans l'espace d'une communication excluant l'Autre. D'où l'étonnement fréquent d'entendre un étranger parlant "notre" langue et le refus obscur (inspiré peut-être par une vigilance défensive contre les "grandes oreilles" du colon), de contribuer à agréger les étrangers à la communauté linguistique atavique (improprement identifiée d'ailleurs aux seuls descendants d'esclaves). Un tel comportement n'a pu être modifié que par l'instauration d'un rapport de plus grande distanciation du créolophone par rapport à l'objet langue en général et au créole en particulier.

Nul doute que les descriptions à caractère scientifique du créole n'aient joué un rôle déterminant dans l'instauration d'un nouveau rapport au langage, c'est-à-dire à soi-même. Mais la démarche descriptive, pour utile et indispensable qu'elle soit, ne suffit pas à doter cette langue des ressources qui lui permettent d'être ouverte au monde, d'être introduite dans la vaste course des langues à l'échelle de la planète. Pour que le créole acquière le statut de "langue étrangère", il faut non seulement organiser sa visibilité comme telle, mais encore créer les instruments de régulation de l'offre et de la demande. Parmi ces instruments figure un certain type de manuels qui doivent être élaborés selon une didactique appropriée du créole langue étrangère (CLE).

La pratique sous-jacente au présent ouvrage a donc le souci d'un ancrage dans la langue de l'étranger, en l'occurrence francophone. Cette démarche n'est pas sans risque, loin s'en faut, quand le point de départ est une grammaire descriptive du créole. C'est dire que la gageure est énorme qui a consisté, pour Pierre PINALIE, à récupérer une partie du corpus (les 5754 phrases-exemples) de ma grammaire créole[1] publiée en 1983 pour servir de matériau exclusif à la présente entreprise; à faire fond sur toutes les stratégies descriptives de cette grammaire pour tenir lieu de cadre théorique et de recours épistémologique au présent manuel. Mais d'avoir listé les risques de l'entreprise ne prémunit pas toujours contre leurs effets qui peuvent donner à croire, du fait qu'on part de la langue de

[1] Jean BERNABÉ (1983). *Fondal- Natal , grammaire basilectale approchée des créoles guadeloupéen et martiniquais*, Éditions L'Harmattan, Paris, 3 volumes, 1559 pages.

l'apprenant :

- que les langues ne sont qu'un simple inventaire de la réalité.

- qu'il existe une mécanique de l'apprentissage reposant sur la mise en oeuvre du terme à terme, selon une grammaire de liste.

- que la composante la plus pertinente est la composante lexicale sous-ordonnant en définitive les composantes syntaxiques et sémantiques, voire, dans certains cas, phonologiques.

- que l'apprenant, sous prétexte de simplicité du vocabulaire, doit se voir affecter la portion congrue en matière de terminologie et de métalangage descriptifs.

- que l'immanence descriptive est un doux rêve des non didacticiens, etc...

Notre objectif, partagé comme exigence incontournable de l'imprimatur requis par pareille entreprise de reformulation, reconversion et réaménagement d'une grammaire descriptive existante, aura été de nous atteler d'une part à conjurer les dérives ci-dessus mentionnées et d'autre part, à faire oeuvre efficiente. Du moins nous sentirons-nous gratifiés si au plan purement pragmatique, une masse de plus en plus importante de locuteurs alloglottes accèdent au créole martiniquais par le truchement de ce guide toujours perfectible.

Jean BERNABÉ

Alphabet créole

Alphabet phonétique international (API)	*Signes utilisés en créole*	*Se prononce comme dans le mot français*	*Exemple créole*	*Sens français de l'exemple créole*
A. VOYELLES				
1 a	a	patte	pak	parc
2 i	i	dix	di	dire
3 e	é	blé	pé	pouvoir
4 ɛ	è	maire	pè	peur
5 o	o	beau	bo	embrasser
6 ɔ	ò	botte	bò	près de
7 u	ou	cou	boutou	gourdin
8 ɛ̃	en	bien	ayen	rien
9 ɑ̃	an	plante	kan	flanc, côté
10 ɔ̃	on	bon	won	rond
B. SEMI-VOYELLES				
11 j	y	yeux	mayé	marier
12 w	w	ouistiti	won	rond
C. CONSONNES COMMUNES AU CRÉOLE ET AU FRANÇAIS				
13 p	p	patte	pak	parc
14 b	b	botte	bo	embrasser
15 t	t	tige	tèbè	abruti
16 d	d	dé	di	dire
17 k	k	cou	kan	flanc, côté
18 g	g	gai	gadé	regarder
19 f	f	fille	fanm	femme
20 v	v	vert	voukoum	bruit
21 s	s	soie	sik	sucre
22 Z	z	zéro	zé	œuf
23 ʃ	ch	chaise	chouk	racine
24 ʒ	j	jour	jaden	jardin
25 m	m	mot	moun	personne
26 n	n	nez	nonm	homme
27 l	l	lac	lòché	remuer
28 ɲ	gn	pagne	kangné	cagneux
29 R	r	rat	rété	rester
D. CONSONNES CRÉOLES N'EXISTANT PAS EN FRANÇAIS, EXISTANT EN ANGLAIS				
30 ŋ	ng	thing (= chose)	zing	petite quantité
31 h	h	hand (= main)	hak	rien
32 c	tj	child (= enfant)	tjòk	coup de poing
33 ɟ	dj	job (= travail)	djòk	vigoureux

Leçon 1

L'article défini

"**boug-la**" : "le type"
"**loto-a**" : "la voiture".

Le premier constat, c'est que l'article défini créole est placé après le mot auquel il se rapporte. On dit qu'il est postposé.

La forme est tantôt "**la**", après une consonne, tantôt "**a**" après une voyelle.

"**fanm-lan**" : "la femme"
"**lajan-an**" : "l'argent".

On note qu'après une syllabe nasale ("**an**" ou "**on**"), les articles se modifient en "**lan**" et "**an**" :

"**flanm-lan**" : "la flamme"
"**sitwon-an**" : "le citron".

On peut aussi trouver d'autres formes d'articles :

ainsi, on entend parfois "**dlo-(w)a**" : "l'eau", et
"**zépon-(w)an**" : "l'éperon",
avec nasalisation dans le deuxième cas, et dans les deux cas on remarque le rajout d'une consonne pour lier le nom à son article.

On entendra aussi "**zyé-(y)a**" : "l'oeil", et
"**jaden-(y)an**" : "le jardin"
avec toujours la nasalisation dans le deuxième cas, et le rajout d'une consonne de liaison.

Les articles "**lan**"
"**a**" "**an**"
"**wa**" "**wan**"
"**ya** "**yan**" sont tous des variantes de l'article "**la**".

Alors que l'on dit :

"**an boug man wè**" : "un type que j'ai vu",
dans la phrase :
" **boug-la man wè a**" : "le type que j'ai vu",
on peut remarquer la présence d'un article en fin de phrase relative. Cet article est dû à la présence d'un premier article défini dans l'antécédent "**boug-la**" (voir page 34).

On dira ainsi " :

"**loto-a man ka wè a**" : "la voiture que je vois",
"**boug-la man jwenn la**" : "le type que j'ai rencontré",
"**loto-a man vann la**" : "la voiture que j'ai vendue",
"**kabrit-la ou maré a**" : "la chèvre que tu as attachée",
"**lajan-an Féfé ba Pòl la**" : "l'argent que Féfé a donné à Paul",
"**madjoumbé-a ou prété mwen (y)an**" : "la fourche que tu m'as prêtée".

Toutes ces phrases sont des relatives où le "que" du français n'est pas traduit en créole ("la voiture (que) je vois").

Dans le cas de "**mwen yan**", on est passé de mwen la*, ou de mwen a*, à mwen an*, et enfin à "**mwen yan**"
(nasalisation + consonne de liaison).

Si l'on dit "**an moun bò kay**", c'est un "compatriote", c'est-à-dire : "un homme proche de la maison" (et il s'agit de la maison en général).

Si l'on dit "**an moun bò kay-la**", c'est qu'il y a "un homme près de la maison" ("**bò**" signifiant "près de", et "**kay-la**", "la maison en particulier)".

Il est indispensable de lier le nom et son article par un trait d'union, car
"**fanm kouyan an**" sans trait d'union signifie "la femme idiote", ("**kouyon**" étant ici adjectif)

alors que
"**fanm kouyon-an**" (avec trait d'union entre le nom et l'article, car "**kouyon**" est ici un nom) signifie "la femme de l'idiot".

On dit "**jòdi**" pour "actuellement", mais
"**jòdi-a**" pour "aujourd'hui".

De même, on dit "**aprézan**" pour "de nos jours" mais
"**aprézan-an**" pour "à l'instant".

On dit "**talè**" pour "tout-à-l'heure" (prospectif, parce que non-déterminé), mais
"**talè-a**" pour "tout-à-l'heure" (rétrospectif, parce que le passé est plus compatible avec le déterminé, le connu).
On dit
"**isi**" pour "chez nous", mais
"**isi-a**" pour "ici même".

On dira "**oswè-a**" pour "ce soir précisément".
On dira "**lapli**" pour "la pluie en général", mais
"**mi lapli-a** " pour l'averse (qui est en train d'arriver).

"**An boug anbafèy**" est un "sournois", mais dans la phrase "**boug anba fèy-la**", le type sera vraiment sous la feuille.

On peut même avoir l'article devant un nom propre, dans l'exemple "**Pòl-la man té palé zòt la**" : "ce fameux Paul dont je vous avais parlé" . L'article sert donc à rapprocher, dans l'espace, le temps et les relations.

N.B. Contrairement au français, le créole ignore la notion de genre grammatical (masculin ou féminin). Le genre sémantique demeure : différence entre mâle, femelle et inanimé :
"**an kwafè**" : "un coiffeur"
"**an kwafèz**" : "une coiffeuse".

Leçon 2

L'article indéfini

"an boug" : "un type"
" an madanm" : "une femme".

L'article indéfini a une forme unique ("**an**"), et il est placé avant le nom. Comme pour l'article défini, il n'y a pas de marque de genre en créole.

"té ni an fwa..." : "il était une fois"
"an jou ké vini" : "un jour viendra".

"mi an liv !" : "voici un livre !"
"Matnik, sé an péyi ki ni mòn dèyè mòn" : "la Martinique, c'est un pays qui a (toujours) une colline derrière une autre"
"Ni an péyi san lenpo" : "il existe un pays sans impôt"
("**san**" implique une absence de détermination, et il n'y aura donc pas d'article).

Pluriel

"Ni péyi san lenpo" : "il existe des pays sans impôt".

On constate qu'il n'y a pas d'indéfini pluriel exprimé : c'est ce que l'on appelle la forme vide, la forme "zéro". Mais il existe quand même la forme "**dé**" que l'on peut rencontrer après certains verbes et dans les phrases suivantes :
"Ni dé péyi ki ka pran fè " : "il y a des pays qui souffrent"
"Mi dé boug kouyon !" : "voilà des types idiots !".

"**I ni an kalté loto** " ("une de ces voitures!") donne au pluriel :
"**I ni dé kalté loto**" ("de ces voitures !"). Mais
"**I ni dé kalité loto**" signifie "il a deux espèces de voitures".

"**sé an fanm ki ka palé kon sa**" : "c'est une femme qui parle comme ça".

On retrouve ici l'indéfini "**an**".
Au pluriel, la phrase
"**sé fanm ki ka palé kon sa**" peut signifier
"des femmes" (indéfini), ou "les femmes" (en général).

"**yo vann liv**" : "ils ont vendu des livres"
(forme "zéro" de l'indéfini pluriel)
"**ravèt ka manjé liv**" : "les cafards mangent les livres"
("des cafards" ou "les cafards" : indéfini pluriel ou valeur générale).

Il existe également la forme indéfinie exclamative "**yan**", qui a le sens de "un de ces !" :

"**man fouté'y yan koutjòk !**" : "je lui ai foutu un de ces coups !".

Dans la phrase
"**man ba'y yann**" : "je lui en ai donné un",
il ne s'agit plus d'un article, mais d'un pronom construit à partir de l'article.

On trouvera aussi
"**an sèl**" ("un") ou
"**yann tou sèl**" ("un seulement"), qui sont aussi des pronoms.

Attention !!

"an lè ké rivé..." : "il arrivera une heure..." (valeur indéfinie)
est différent de
"i ja inè " : " il est une heure"(à ma montre, avec valeur numérale cardinale).

Négation

"man wè an zanmi" : "j'ai vu un ami" donne
"man pa wè an zanmi" : "je n'ai pas vu un ami".
"man pa wè pyès zanmi" : "je n'ai vu aucun ami" (voir page42)
"man pa wè zanmi" : "je n'ai pas vu d'ami"

Notez , dans les deux phrases suivantes, la double négation :
"pa rété mwen pa an grenn tjénèt" : "il ne me reste pas un noyau de quénette" (avec article "**an**")
" **pa rété mwen pa yann**" : "il ne m'en reste pas un"
(avec pronom "**yann**").

Prononciation

"an akra" : "un beignet"
"an istilo" : "un stylo" (on ne doit normalement pas faire la liaison à la française).

Dans "**an loto lanméri-a ké vini pran'w**" : "une voiture de la mairie viendra te chercher"
il faut bien lire : " une voiture de la mairie", avec un article indéfini et un article défini.

Dans la phrase "**loto-taa, sé loto an dòktè**" : "cette voiture, c'est la voiture d'un médecin", il n'y a que l'article indéfini.

Enfin, dans "**an yich mwen**" ("un de mes enfants"), il y a également un article indéfini et un possessif.

Dernière remarque : distinction entre plusieurs valeurs de "**an**"

"**Ni an** $_1$ **baryè an** $_2$ **lantouwonni jaden-an** $_3$"

"il y a une barrière sur le pourtour du jardin".

Il y dans cette phrase 3 "**an**" :

1 : article indéfini ("une")
2 : préposition ("dans")
3 : article défini ("le").

Leçon 3

Le pluriel

Le pluriel défini se forme avec **"sé ...- la"** pour les mots terminés par une consonne :
"sé bèf-la" : "les boeufs",

ou avec **"sé ... -a"** pour les mots terminés par une voyelle :
"sé soulyé-a" : "les chaussures" .

"la" et **"a"** peuvent, bien sûr, se transformer en **"lan"** et **"an"** lorsqu'ils se trouvent derrière un voyelle nasale :
"sé moun-lan" : "les gens"
"sé jaden- an" : "les jardins".

Le pluriel indéfini se marque par l'absence de déterminant
(c'est le déterminant "zéro" en face du déterminant plein) :
"man ni soulyé" : "j'ai des chaussures",
ou se traduit par **"dé"** :
"sé dé kouyon" : "ce sont des imbéciles".

"man wè an kay" : "j'ai vu une maison" (indéfini singulier)
> **"man wè kay"** : "j'ai vu des maisons" (indéfini pluriel).

"man wè kay-la" : "j'ai vu la maison" (défini singulier) >
"man wè sé kay-la" : "j'ai vu les maisons" (défini pluriel).

On aura donc **"i pòté zannanna"** : "il a porté des ananas",
et **"Pyè ni timanmay"**: "Pierre a des enfants" (indéfini pluriel).

Dans le cas de

"**i ni bèl soulyé**" : "il a de belles chaussures", et de
"**i enmen bèl soulyé**" : "il aime les belles chaussures",

l'indéfini pluriel et le générique se confondent, et c'est le contexte qui départage.

Dans "**i enmen sé fanm-la**" : "il aime les femmes", il s'agit de femmes particulières, et on pourrait traduire par "ces femmes-là";

mais dans
"**i enmen fanm**", ce sont les femmes en général.

On sait aussi qu'on peut avoir l'indéfini pluriel "**dé**" dans les phrases :

"**mi dé péyi ki ka pran fè**" : "voilà des pays qui souffrent",
"**sé moun-tala sé dé kouyon**" : "ces gens-là sont des imbéciles",
ou
"**i konprann nou sé dé kouyon**" : "il s'imagine que nous sommes des imbéciles".

Dans des phrases générales, on peut avoir "**lé**" :
"**lé konséyè pa lé péyè**" : "les conseilleurs ne sont pas les payeurs", ou
"**lé pli rich pou endé lé pli pòv**" : "les plus riches doivent aider les plus pauvres".

Dans le cas des possessifs, "**tamwen an**" signifie "le mien" au singulier.
Mais au pluriel, on aura soit
"**tamwen**" : "les miens" (en général),
ou
"**sé tamwen- an**" : "les miens" (en particulier).

Attention

"**sé mèt-la ka palé**" : "les maîtres parlent" (défini pluriel),

mais la phrase
"**sé mèt-la ki ka palé**" signifie "c'est le maître qui parle" (défini singulier).

"**tout sé jou-a**" signifie "toutes les journées passées", mais
"**touléjou**" signifie "tous les jours" (dans la répétition).

Il existe des particularités dans certaines zones de la Martinique. Ainsi, à Sainte-Marie, on dit "**lé boug-la**" pour le pluriel défini, au lieu de "**sé boug-la**".

"**sé mésyé-a**", "**sé madanm-lan**" et "**sé manzèl-la**" est une façon familière de s'adresser à ces groupes : "messieurs", "mesdames", et "mesdemoiselles".

"**tout lékòl-la**", c'est "l'école tout entière".
"**tout lékòl**" signifiera "toutes les écoles" (en général).
Il faudra dire
"**tout sé lékòl-la**" pour "toutes les écoles" (en particulier).

Dans "**sé moun anbajouk la**", il faut comprendre que ce sont des gens asservis.
("**anbajouk**" est adjectif, s'écrit en un seul mot, et le pluriel "**sé .... la**" porte sur "**moun**").
À l'inverse, dans "**sé bèf-la ki anba jouk-la**", "les boeufs qui sont sous le joug", on a d'abord un pluriel "**sé bèf-la**", puis un singulier "**jouk-la**".

"**adan sé dis chouval-la, man simyé sé blan an**" : "parmi les dix chevaux, je préfère les blancs",
et dans
"**adan sé dis boug-la, man simyé sé pli fò a**" : "parmi les dix types, je préfère les plus forts".

"**frèt-la**", c'est "le froid" ("celui qui est froid"), mais "**frédi-a**", c'est "le froid" (du point de vue climatique). Enfin, "**sé frèt-la**", désigne "ceux qui sont froids".

En résumé :
"**an moun**" : "une personne"
"**moun-la**" : "la personne"
"**sé moun-la**" : "les gens" (précis)
"**moun**" : "les gens" ou "des gens".

Attention

Dans "**moun la**", sans trait d'union, "**la**" n'est pas article, mais adverbe. Cela signifie "les gens de là-bas".

Leçon 4

Les pronoms personnels

pronoms personnels sujets

"mwen" (tonique), **"man"** (atone) : "moi", "je".

"mwen, man ka chanté" : "moi, je chante".

"wou" (tonique), **"ou"**, **'w"** (après voyelle) : "toi", "tu".

"ou sé an mal boug !" : "tu es un sacré type!"
"wou, ou ka bwè" : "toi, tu bois"
"sé'w ki ni rézon" : "c'est toi qui as raison"
"sa ou fè ?" ou **"sa'w fè ?"** : "comment vas-tu ?"

"li" (tonique), **"i"**, **"y"** (après voyelle) : "lui", "il", "elle".
(il n'y a pas de genre en créole)
"li, i ka bwè" : "lui (elle), il (elle) boit"
"sé'y ki genyen": "c'est lui (elle) qui a gagné".

"nou" : "nous".

"nou ka palé" : "nous parlons".

"zòt" : "vous".

"zòt genyen": "vous avez gagné".

"yo" : "ils" ,"elles".

"yo ka travay": "ils (elles) travaillent".

"mwen" : "moi", "me".

"i pa wè mwen" : "il (elle) ne m'a pas vu"

"ou", " 'w" : "toi", "te" .

"man ka bat ou" : "je te bats"
"man wè'w" : "je t'ai vu (e)".

" li", "y" : "lui", "le", "la".

"nou enmen'y" : "nous l'aimons"
"nou bat li" : "nous l'avons battu(e)"
"kité'y palé" : "laisse-le (la) parler".

"nou" : "nous" .

"i pa enmen nou" : "il (elle) ne nous aime pas".

"zòt" : "vous".

"nou pa ka wè zòt" : "nous ne vous voyons pas".

"yo" : "leur", "les".

"nou pa enmen yo" : "nous ne les aimons pas".

À la troisième personne, du singulier et du pluriel, les pronoms habituels peuvent être remplacés par

"misyé", "manzèl" pour "il" et "elle", comme sujets :

"misyé di mwen" : "il m'a dit"
"manzèl vini wè mwen" : "elle est venue me voir".

"man wè misyé" : "je l'ai vu"
"man wè manzèl" : "je l'ai vue" ,
dans le cas d'un complément.

Au pluriel, on emploie **"sé mésyé"** et **"sé manzèl"**, comme sujets et comme compléments.

On rappellera que les pronoms compléments sont placés après le verbe, en créole, à la différence du français. On note aussi que l'on met les formes **"w"** et **"y"** après une voyelle, et la forme pleine après une consonne.

Et après une préposition, il y aura ce même phénomène du pronom personnel soudé à ce qui précède quand il y a une voyelle finale :

"pou'y", **"ba'y"** : "pour lui (elle)",
mais **"kont li"** : "contre lui (elle)"
"kont ou" : "contre toi", quand il y a une consonne finale.

Cas de deux pronoms personnels compléments

En français, on a "je le lui donne", où le pronom direct "le", qui représente un objet, est placé avant l'indirect "lui".

En créole, ce sera toujours le pronom indirect ("lui" du français), qui représente une personne, qui sera placé avant.

Dans **"man ka ba'y li"** ,
"y" est la personne à qui je donne, et
"li" l'objet que je lui donne.

"i ba nou'y" : "il (elle) nous l'a donné"
"i ba'y li" ou bien
"i ba li'y" : "il (elle) le lui a donné"
"i ba'w li" ou bien
"i ba ou'y" : "il (elle) te l'a donné"
"i ba zòt yo" : "il (elle) vous les a donnés"
"i ba zòt li" : "il (elle) vous l'a donné".

Ainsi, lorsqu'il y aura un nom au lieu d'un pronom, on mettra avant le destinataire, et l'objet après :
"**man ka ba Féfé'y**" : "je le donne à Féfé"
"**i pwomèt Pòl li**" : "il (elle) l'a promis à Paul".

Mais on pourra rencontrer une phrase comme
"**yo ba'y Pòl**" : "on lui a donné Paul",
dans laquelle "**y**" peut être, par exemple, la marraine de Paul à qui on a confié Paul.

En créole, le pronom personnel complément d'objet direct, représentant un objet, est remplacé par "**sa**" :

("***nou fè'y**") impossible, est remplacé par > "**nou fè sa**" : "nous l'avons fait"
("***nou sav li**") est remplacé par > "**nou sav sa**" : "nous le savons".

Pronoms personnels réfléchis

"**kòmwen** "**man ka dépéché kòmwen**" ("je me dépêche")
kòw
kòy
kònou "**nou ka détann kònou**" ("nous nous détendons").
kòzòt
kòyo"
Les réfléchis s'écrivent en un seul mot afin qu'on puisse les distinguer de
"**kò mwen**", "**kò nou**", etc..., qui signifient "mon corps", "notre corps", etc...

Il faut noter, pour finir, la série des intensifs :

"**mwen menm la**"
"**wou menm la**", etc... qui ont le sens de "quant à moi",

etc...

Leçon 5

Les possessifs

On marque la possession en plaçant un pronom personnel après le mot qui représente la chose possédée.

"lang an pèp, sé nanm li" : "la langue d'un peuple, c'est son âme".

Mais l'article joue un grand rôle, car s'il n'est pas présent, le groupe "nom + possessif" a un sens pluriel général :

"tab li" : "ses tables" (valeur générale) alors que
"tab li a" : "sa table";
"ti péyi nou an" : "notre petit pays".

"loto mwen" : "mes voitures" ("toute voiture qui m'appartient") et
"loto mwen an" : "ma voiture".

"nou pran liv ou a" : "nous avons pris ton livre", et
"tout sé vyé liv ou a" : "tous tes vieux livres"
"zanmi yo" : "leurs amis" (valeur générale).

"lajan mwen" sera "mon argent", et
"ou ka fè sé menm bétiz ou a" : "tu fais tes mêmes bêtises",
"sé kalté zanmi ou a" : "tes fichus amis".

"an yich mwen : "un de mes fils"
"dé timanmay ou" : "deux de tes enfants", et
"sé dé timanmay ou a" : "tes deux enfants".

"**timanmay mwen**" : "mes enfants" (général), et
"**sé timanmay mwen-an**" : "mes enfants" (particulier).

Mais l'article disparaît quand le nom déterminé ne dépasse pas l'unité. Ainsi, on dit :

"**papa'w**", "**manman'w**" et "**madanm ou**"
(partant du principe qu'on n'a qu'un seul papa, une seule maman et une seule femme ... mariée).
"**madanm ou a**" signifierait : "celle de tes femmes, dont il est question", voire "ta femme illégitime".

"**frè mwen**" : "mon frère" (quand je m'adresse à lui).
Sinon
"**frè mwen**" (général) signifie "mes frères", comme
"**sé frè mwen an**" (particulier).

Pronoms

En fait, la pronominalisation possessive se fait au moyen de la particule "**ta**".

Ainsi, "**tamwen**" désigne "ce qui m'appartient", mais le sens sera celui d'un pluriel général : "les miens".
Pour dire "le mien", on dira : "**tamwen an**",
et pour "les miens"(en particulier) : "**sé tamwen an**"

"**ta'w**"	"**ta'y**"	"**tanou**	"**tazòt**"	"**tayo**"
"**ta'w la**"	"**ta'y la**"	" **tanou an**"	"**tazòt la** "	"**tayo a**"
"**sé ta'w la**"	"**sé ta'y la** "	"**sé tanou an**"	"**sé tazòt la** "	"**sé tayo a**"

"**kisa ki ta'w ?**" : "qu'est-ce qui est à toi ?"
"**tout sé vyé ta'w la**" : "tous ces vieux (trucs) qui sont à toi"
"**nou pran ta'w la**" : "nous avons pris le tien (la tienne)"
"**éti ta'w la ?**" : "où est le tien (la tienne) ?"
"**an tonton ta'y**" : "un de ses oncles"
"**ranmasé sé ta'w la**" : "ramasse les tiens (les tiennes)".

Leçon 6

Les démonstratifs

"**bagay-tala**" : "cette chose-ci" ou "cette chose-là", ou "cette chose"
"**boug-tala**" : "ce type-là".

Le démonstratif "**tala**", est placé après le mot, avec trait d'union comme l'article.

Le trait d'union a son importance, car

"**tab-tala**" signifie "cette table", alors que
"**tab tala**" signifie "la table de celui-ci (celle-ci)".

"**tala**" est donc un démonstratif qui fonctionne tantôt comme **adjectif**, tantôt comme **pronom**.

"**fanm kouyon tala**", c'est "cette femme idiote", alors que
"**fanm kouyon-tala**", c'est "la femme de cet idiot"
"**loto fanm-tala**", signifie "les voitures (ou des voitures) de cette femme".

Le pluriel est marqué par la forme "**sé**" précédent le nom :

"**sé moun- tala**" ou "**sé boug-tala**" : "ces gens-là"
"**yo pran adan sé bèf-tala**" : "ils ont pris de ces boeufs (parmi ces boeufs)".

On peut rencontrer la forme abrégée "**taa**" :
"**timanmay-taa**" : "cet enfant".

Pour les pronoms,
"**tala ki palé a sé mèt-la**" : "celui qui a parlé, c'est le maître",
et le pluriel sera
"**sé tala**" : "ceux-ci (ou celles-ci)".
"**tala ki tala**" : "même celui-ci (ou celui-là)" (tour idiomatique, voir page 159).

L'article a, lui aussi, une valeur démonstrative. Ainsi "**boug-la**" peut avoir le sens de "ce type".

"**yann sé jou-a**" : "un de ces jours"
"**oswè-a**" : "ce soir"
"**bonmaten-an**" : "ce matin"
"**isi-a**" : "cet endroit"
"**sé anglé-a**" : "les Anglais" ou "ces Anglais"
"**chak sé bannann-lan**" : "chacune de ces bananes".

Le pronom français "cela" (ou "ça") est rendu en créole par "**sa**" :

"**ba mwen sa** " : "donne-moi cela"
"**nou sav sa**" : "nous savons cela"
"**sa sa yé sa ?**" : "qu'est-ce que c'est que ça ?".

Dans la phrase précédente, le deuxième "**sa**" (celui de "**sa yé**") traduit le français "c' " (de "c'est".) D'où le sens de "**sa rèd**" qui est : "c'est dur" (voir pages 65).

Dans "**sa ki**" , "**sa**" a le sens de "celui" (ou "celle", ou "ceux", ou "celles"):
"**sa ki vini wè mwen** " : "celui qui est venu me voir" (voir "**(ki)sa**" page 38).

Attention.
"**Pyè ka sanm sa ki las**" : "Pierre semble fatigué" ("ressemble à celui qui est fatigué").

"**sa**" a aussi le sens de "ce" dans "**sa ki rivé misyé** " : "ce qui lui est arrivé ".

Le présentatif "**sé**" a le sens de "c'est" :
"**sé sa man lé**" : "c'est ça que je veux".

Enfin, il y a les démonstratifs français traduits différemment :
"**ta Pyè a**" : "celui de Pierre", (traduit par une formule de possession en créole),

ou non traduits :
"**yan loto !**" : "une de ces voitures !".

Leçon 7

Les relatifs

Il existe deux formes de relatifs :

- "**ki**" (forme pleine) quand l'antécédent est sujet,

- la forme zéro (c'est-à-dire non- exprimée) quand l'antécédent est complément.

"**sé Pyè ki vòlé bèf-la**" : "c'est Pierre qui a volé le boeuf"
("**ki**" - * antécédent sujet)
"**sé boug-la ki ka pòté vès-la, ki papa mwen**" : "c'est le type qui porte la veste qui est mon père".
"**sé bèf-la Pyè vòlé, sé pa mouton-an**" : "c'est le boeuf que Pierre a volé, pas le mouton"
(* antécédent complément - relatif zéro).

Attention

"**sé mèt-la ki ka palé ba yo**" ("c'est le maître qui leur parle").
En raison de la prononciation "**sé mèt-la k'ka palé**", on entendra
"**sé mèt-la ka palé ba yo**", et la phrase pourra être comprise avec le sens de "les maîtres leur parlent".

"**sé pa jou-a ki ka lévé, k'ké fè nou kouché**" : "ce n'est pas le jour qui se lève qui nous fera nous coucher" (autre exemple de prononciation rapide).

Quand la relative commence par un nom accompagné de l'article, on doit la terminer par un article défini de rappel "**la**" ou "**a**" :
"**boug-la ki ka rété Fòdfrans la**" : "le type qui habite Fort-de-France".

Quand l'antécédent est précédé de l'article défini, on le retrouve toujours en fin de phrase :

"**kabrit-la ou maré a**" : "la chèvre que tu as attachée"
"**fi-a man wè a**" : "la fille que j'ai vue".

Mais on dira :

"**an madanm man wè**" : "une femme que j'ai vue" (sans article de rappel).
Dans les trois phrases, précédentes, le relatif français n'est pas traduit.

Le relatif peut être précédé de "**éti**" qui ne modifie pas le sens (cette forme est, précisément pour cette raison, dite explétive) :

"**boug-la éti ki ka rété Fòdfrans la**" : "le type qui habite Fort-de-France".

On peut rencontrer "**éti**" également avec le relatif zéro :

"**lajan-an éti Féfé ba Pòl la**" : "l'argent que Féfé a donné à Paul"
"**madjoumbé-a éti ou prété mwen an**" : "la fourche que tu m'as prêtée".

Les deux phrases

"**boug-la man ba'y lajan an**" et
"**timanmay-la mèt-la ka palé ba'y la**"
se traduiront par :
"le type à qui j'ai donné de l'argent" et
"l'enfant à qui le maître parle".

Et la phrase "**boug-la ou ka kouri vit pasé'y la**" signifiera :
"le type plus vite que qui tu cours" (mot à mot : * "le type (que) tu cours vite plus que lui").

"**Pyè, ki sé kanmarad mwen, pa ka vini épi mwen**" : "Pierre, qui est un ami, ne vient pas avec moi"

(Ici, comme la relative ne détermine pas - ce n'est qu'une apposition -, il n'y a pas d'article à la fin. En outre, tout nom propre (ici "**Pyè**") est auto-déterminé, et n'est pas accompagné d'article.

Traduction de "dont" :

"**mi boug-la i té ka palé'w la**" : "voici le type dont il te parlait"
(mot à mot : *"voici le type (qu') il te parlait de lui").
"**fanm-la éti ou ka palé mwen an**" : "la femme dont tu me parles" (mot à mot : *"la femme (que) tu me parles d'elle")
"**nonm-lan, pyé'y asou tab-la**" : "l'homme dont les pieds sont sur la table"(mot à mot : * "l'homme (que) ses pieds sont sur la table").

Traduction de "où" :

"**péyi-a oti man ka alé adan'y la**" : "le pays où je vais" (mot à mot : * "le pays (que) je vais dans").

Traduction de "lequel" :

"**koutla-a man ka koupé kann épi'y la**" : "le coutelas avec lequel je coupe la canne" (mot à mot : * "le coutelas (que) je coupe la canne avec lui").

"**sa ki...**" : "celui (celle, ceux, celles) qui..." (voir page 30 La valeur de "**sa**" est générale, indéterminée. Cela annule l'opposition entre animé et non-animé, entre personnes et choses. En français, "ça" est péjoratif, sauf dans certains cas génériques , comme "un homme, ça ne pleure pas"). On aura donc :
"**man konnèt tou sa ki té la**" : "je connais tous ceux qui étaient là"

"**sa ki lé, sa ki mandé**" : "(que) ceux qui en veulent en demandent" (mot à mot : " ceux qui en veulent sont ceux qui en demandent")

mais aussi :
"**man pa sav sa ki rivé'y**" : "je ne sais pas ce qui lui est arrivé" ("**sa ki**" - "ce qui...").

La relative remplace, en créole, souvent l'adjectif :

"**bèf-la, ki nwè a, chapé**" : "le boeuf noir s'est échappé" (il ne s'agit pas, ici, d'une relative appositive- voir page 35- ; au lieu de "**bèf nwè a**", il faut comprendre "**bèf-la, tala ki nwè a, chapé**" : "le boeuf, celui qui est noir, s'est échappé", avec une relative déterminative).

Leçon 8

L'interrogation

L'interrogation peut être rendue par l'intonation montante :

"ou konprann man té ja mò ?" : "tu croyais que j'étais déjà mort ?"

"ou ka vini, (an) ?" : "tu viens ?"
"lapòs-la ja fèmen, (an) ?" : "la poste est déjà fermée ?"
"ou rété pen, (an) ?" : "vous reste-t-il du pain ?".

Diverses particules peuvent accompagner l'interrogation ("**an**", "**wi**", "**non**"). Ainsi, dans les 3 phrases précédentes, on trouve "**an**" à la fin de la phrase, et l'on n'attendra pas, alors, de réponse particulière, positive ou négative.

Par contre, dans la phrase

"ou ka pati, wi ?" : "tu pars ?" , ou
"ou ka pati, non ?" : "tu pars, non ?",
la réponse attendue est "oui".

L'interrogation peut être accompagnée de "**pa vré ?**" ou "**sa pa vré ?**", qui a le sens de "n'est-ce pas ?".

L'interrogation peut aussi être introduite par "**ès**" :
"ès i fè sa ?" : "est-ce qu'il a fait ça ?"
"ès ou konprann sa man di'w la ?" : "est-ce que tu as compris ce que je t'ai dit ?".

Il 'agit là de l'équivalent de" est-ce que ...?".

Dans la phrase
"**man ka mandé'w ès yo ja rivé**",
"**ès**" remplace le français "si" :
"je te demande s'ils sont arrivés" (dans l'interrogation indirecte, existe la variante "**ési**").

QUI

"**ki moun**", "**ki moun sa**", "**ki moun ésa**", "**kilès**",

"**ki moun ki fè sa** ?" : "qui a fait ça ?"
"**ki moun sa ki papa'w** ?" : "qui est ton père ?"
"**ki moun ésa ki pati** ?" : "qui est parti ?"
"**ay gadé sé kilès moun**" : "va voir qui c'est"

Il est à remarquer que l'interrogatif est toujours repris par le relatif "**ki**", d'où la faute fréquente commise en français :
* "quelle personne qui est venue ?".

QUOI - QUE

"**(ki) sa**", "**ki bagay**", "**ki bagay sa**", "**ki bagay ésa**"

"**kisa ki papa'w**" : "qui est ton père ?" ("**kisa**" est ici un neutre à valeur générique)
"**(ki) sa ki misyé** ?" : "c'est qui ?" (même remarque que pour la phrase précédente)
"**(ki) sa ki ta'w** ?" : "qu'est-ce qui est à toi ?"
"**(ki) sa sa yé sa** ?" : "c'est quoi, ça ?"

"**ki bagay (bagay sa / bagay ésa) ou voyé** ?" : "c'est quoi ce que tu as envoyé ?".
"**(ki) sa ou lé** ?" : "que veux-tu ?"
"**kisa ou voyé** ?" : "qu'as-tu envoyé ?".

QUEL

"ki", "ki ... sa", "ki ... ésa", "kisa", "sa", "kilès", "kilès ... sa", "kilès... ésa"

"ki boug ?", ou
"ki boug sa ?", ou
"ki boug ésa ?" : "quel type ?"
"kilès boutik ?", ou
"kilès boutik sa ?", ou
"kilès boutik ésa ?" : "quelle boutique ?" (l'élément "**lès**" implique un choix entre plusieurs).

LEQUEL

" kilès", "kilès sa" , "kilès ésa"

"kilès ?" : "lequel ?"
"kilès sa (ésa) ki ta'w ?" : "lequel est à toi ?" (on retrouve ici l'élément "**lès**" qui implique un choix).

OÙ

"koté", "ki koté", "la", "oti", "ola", "otila", "éti", "étila"

"la ou lé alé ?" : "où veux-tu aller ?"
"koté (ki koté / la / oti / ola / otila / éti / étila) ou yé ?" : "où es-tu ?".

COMMENT

"ki mannyè", "koumannyè", "kouman"

"ki mannyè ou yé ?" : "comment vas-tu ?".

POURQUOI

"poutji", "poukisa"

"poutji ou pa vini épi mwen ?" : "pourquoi n'es-tu pas venu avec moi ?".

QUAND

"ki tan", **"ki jou"**

"dépi ki tan ou la ?" : "depuis quand es-tu là ?"
"ki jou ou ké rivé ?" : "quand arriveras-tu ?" (**"ki jou"** est évidemment plus précis que **"ki tan"**).

Leçon 9

La négation

• La négation se fait avec "**pa**" placé devant le verbe :

"**i pa ni lajan**" : "il (elle) n'a pas d'argent"
"**nou sav ou pa genyen**" : "nous savons que tu n'as pas gagné"
"**man pa wè an zanmi**" : "je n'ai pas vu un ami"
"**pa ni pwoblèm**" : "il n'y a pas de problème"

"**i ja pa ka travay**" : "déjà qu'il (elle) ne travaille pas"
"**ki yo lé, ki yo pa lé**" : "qu'ils (elles) le veuillent ou pas"
"**i kouyon kon pa ni**" : "il (elle) est bête comme pas un(e)".

• Au futur, devant "**ké**", ou au conditionnel devant "**té ké**", "**pa**" se transforme en "**pé**" :

"**nou pé ké kontan**" : "nous ne serons pas contents"
"**i pé té ké ja pati**" : " il ne serait pas déjà parti".

• À l'impératif, il suffit de placer "**pa**" devant la forme verbale :

"**pa pléré**" : "ne pleure pas"
"**pa menyen mwen !**" : "ne me touche pas !".

• Avec le verbe "**pé**" ("pouvoir"), il faut surveiller la place des mots :

"**i pa pé**" : "il (elle) ne peut pas"
"**i pé pa**" : "il (elle) peut ne pas"
'**i pa pé pa lé**" : "il (elle) ne peut pas ne pas vouloir".

• **"Poko"** ou **"pòkò"**: "pas encore" :

"i pòkò (poko) ka travay" : "il (elle) ne travaille pas encore"
"i pòkò fè sa" : "il (elle) n'a pas encore fait ça".
"i pòkò dwèt ja rivé" : "il (elle) ne doit pas être déjà arrivé(e)"
"i dwèt pòkò rivé" : "il (elle) n'est probablement pas encore arrivé(e)".

• **"pa... ankò"** : "ne ... plus" :

"man pa ka fè sa ankò" : "je ne fais plus ça".

• **"pyès"** : "pas du tout, absolument pas" :

"man pa enmen sa pyès" : "je n'aime pas ça du tout"
"pyès moun" = "pèsonn" : "personne"
"pyès bagay" = "ayen" : "rien"
"pyès moun pa vini" : "personne n'est venu" (noter la double négation)
"man pa wè pyès moun" : "je n'ai vu personne"
"man pa genyen pyès lajan" : "je n'ai pas gagné d'argent du tout"
"man pa di sa pyès" : "je n'ai pas dit cela du tout"
"pyès sé moun-lan" : "aucune de ces personnes"
"man pa wè pyès zanmi" : "je n'ai vu aucun ami".

• **"ayen"** : "rien" :

"man pa di ayen" : "je n'ai rien dit".

• **"janmen", "jen"** : "jamais"
"janmen pa" : "jamais de la vie":

"man pa jen (janmen) ay Pari" : "je ne suis jamais allé à Paris"
"mwen pa jen tann sa" : "je n'ai jamais entendu ça"
"i pé té ké jen (pa jen té ké) fè sa" : "il (elle) n'aurait jamais fait ça"
"ès ou té ké jen di i las ?" : "aurait-on jamais dit qu'il (elle) est fatigué(e)?".

• "**Anni** " : seulement" :

"anni ou pa vini, ou ké wè" : "essaie seulement de ne pas venir, et tu verras"
"anni man vini..." : "je n'ai qu'à venir..." (pas de négation)
"pa anni vini..." : "ne viens pas, tout simplement..."
"i pa anni mandé mwen" : "il n'a pas fait que me demander"
"i anni pa mandé mwen..." : "simplement, il ne m'a pas demandé...".

Attention !

"zòt pa té dwèt..." : "vous n'auriez pas dû..."
"zot té dwèt pa..." : même sens.

"zòt pa té dwèt pa fè sa" : "vous n'auriez pas dû ne pas faire ça"
"i pa dwèt rivé" : "il (elle) ne doit pas être arrivé(e)"
"i dwèt pa..." : "il (elle) doit n'être pas..."
"i pa dwèt pa vini" : "il est peu probable qu'il (elle) ne soit pas venu(e)"
(double négation).

"i pé pa té..." : "il est possible qu'il (elle) n'était pas..."
"i pa té pé..." : "il (elle) ne pouvait pas..."
"i pé pa pa vini" : "il n'est pas possible qu'il (elle) ne vienne pas".

N.B.

"pa menm palé !" : "n'en parlons même pas ! "
"penga ou janbé kannal-la" : "attention à ne pas traverser le ruisseau"
"penga ou pa rivé menm jou-a" : "fais attention à arriver le même jour" .

Leçon 10

L'exclamation

• **"fout"** a le sens de " que... !" ou "qu'est-ce que...!" :

"fout madanm-la bèl !" : "que la dame est belle !"
"fout i ka palé !" : "qu'est-ce qu'il (elle) parle !".

On pourra aussi rencontrer **"ay fout"**, **"i fout"**, **"wi fout"**, adverbes exclamatifs autonomes de **"fout"**.

On peut trouver la forme **"fwenk"** ou **"fonk"** :

"fwenk ou mantè !" : "qu'est-ce que tu es menteur !".

• **"wi"** (ou **"wi nèg !"**) peut aussi avoir le sens de "qu'est-ce que ...!" :

"pou manti, wi i ka manti !" : "pour ce qui est de mentir, qu'est-ce qu'il (elle) ment !".

• **"mé"** a le même sens :

"mé i movè !" : "qu'est-ce qu'il (elle) est méchant(e) !".

• **"wo"** est plutôt l'équivalent de "oh la la !" (autonome de **"fout"**) :
"wo ! fout ou ganmé!" : "oh la la ! qu'est-ce que tu es fier !".

• **"dann"** prendra le sens de "ça oui !" (particule emphatique qui renforce l'exclamatif et n'est pas autonome) :
"kay-la bèl, dann !" : "la maison est belle, ça oui !".

"kité mwen palé, dann !" : "laisse-moi parler, je t'en prie !"
"annou pati, ou tann !" : "partons, je t'en prie !"

• **"aten"**, **"laten"**, **"ten"** expriment le défi :

"laten ou trapé mwen !" : "je te mets au défi de m'attraper !"
"aten'y... !" : "je le (la) mets au défi...!"

• **"papa"** ou **"manman"**, dans l'exclamation prennent le sens de "ça alors!"
(adverbes exclamatifs autonomes) :
"fout ou rèd, manman !" : "ça alors, qu'est-ce que tu es dur !"

On peut aussi détacher les syllabes, et dire " **pa...pa...pa...** !" ou "**manman...manman...manman...** !", avec le même sens :

"pa, pa, pa..., mi lapli !" : "oh la la ! quelle pluie !".

• **"mésyé"**
Employé **1** ou **3** fois, il a le sens de "qu'est-ce que ...!" :

"mésyé ! fout boug-la kouyon !" : "qu'est-ce que ce type est bête !"

• **"mézanmi"** a le même sens :

"mézanmi ! fout ou bèl !" : "qu'est-ce que tu es belle (beau) !"

• **"an"** répété **4** fois a le sens de "oh la la !" :

"an an an an ! fout ou pyétè !" : "oh la la ! qu'est-ce que tu es avare !".

• **"way"** ou **"woy"**, employé toujours plus d'une fois a le même sens :

"woy woy woy ! fout... !" : "oh la la ! qu'est-ce que...!".

• "**mi**" a le sens de "quel ...!" :

"**mi loto**!" : "quelle voiture !".

"**mi**" peut être redoublé en fin de phrase avec une valeur emphatique :

"**mi loto, mi**!",
"**mi loto'm** !",
"**mi loto, mim** !" : "quelle voiture !"
"**mi kalté boug sòt** ! **mi** !" : "quel espèce d'imbécile !"
"**mi bèl timanmay** ! **mi** !" : "quel bel(le) enfant !".

• "**joy**" a le sens de "quel !" :

"**joy bèl loto** !" : "quelle belle voiture !"

"**joy**" et "**mi**" peuvent ête complétés par "**kalté**" :
"**mi kalté gwo madanm**!" : "quelle grosse femme !"
"**joy kalté vyé bradjak** !" : "quelle vieille guimbarde !".

• "**yan**" a le sens de "un(e) de ces... !" :

"**i achté yan loto** !" : "il a acheté une de ces voitures !".

• "**pou**" peut aussi introduire l'exclamation :

"**pou cho, fout dlo-a cho** !" : "pour ce qui est d'être chaude, qu'est-ce que l'eau est chaude !".

Leçon 11

La préposition "à"

Il s'agit de la traduction de la préposition française "à" ("au", "aux").

1/ *Dans certains cas, elle n'est pas représentée par une forme pleine*
(il s'agit de la forme zéro) :

- pour l'attribution :

"ba Pyè lajan" : "donne de l'argent à Pierre".

- pour la caractérisation :

"an fanm gro tété" : "une femme à forte poitrine"
"boug chouval latjé koupé a" : "l'homme au cheval à la queue coupée".

- pour la localisation :

"man ka alé lanmès" : "je vais à la messe"
"man Fòdfrans" : "je suis à Fort-de-France"
"i ka travay lizin" : "il (elle) travaille à l'usine".

- avec certains verbes :

"i té ka opozé nou vini" : "il (elle) s'opposait à ce que nous venions"
"i ba mwen chwézi" : "il (elle) m'a donné à choisir".

2/ Elle peut aussi être exprimée de différentes façons :

par "**a**"

- pour la localisation dans le temps :

"**vini a katrè**" : "viens à quatre heures"

- pour la caractérisation avec un nom sans adjectif :

"**mi boug a chapo a**" : "voici le type au chapeau".

- pour certains verbes :

"**tjenn a**" : "tenir à"
"**man ka tjenn a sa**" : "je tiens à cela".

par "**ta**"

On retrouve ici la particule "**ta**", qui entre dans la formation des pronoms possessifs "**tamwen**", "**ta'w**", etc... (voir page 28) :
"**sé ta ki moun loto-taa** ?" : "elle est à qui cette voiture ?".

par "**an**"

C'est la préposition servant à la localisation ("dans") :
"**pa kriyé an zorèy mwen**" : "ne me crie pas aux oreilles".

par "**épi**" ("avec")

Dans le cas d'un complément d'adjectif ou d'adverbe :
"**i menm parèy épi papa'y**" : "il ressemble à son père".

par "**ala**"

Pour la manière de faire ou d'agir :
"**ala kalifouchon**" : "à califourchon".

par "**ka**"

C'est la particule indiquant la durée pour les verbes :
"**sa misyé ni ka palé konsa** ?" : "qu'est ce qu'il a à parler comme ça ?".

par "**ba**"

Pour l'attribution :
"**pòté patjé-tala ba papa'w**" : "porte ce paquet à ton père".

par "**pou**"

Devant un infinitif :
"**pa ni ayen pou wè**" : "il n'y a rien à voir".

par "**o**""

Devant un complément de lieu :
"**i o Zétazini**" : "il (elle) est aux États-Unis".

par "**rivé**"

Pour la destination (avec indication de provenance) :
"**sòti Senpyè rivé Fòdfrans**" : "de Saint-Pierre à Fort-de-France".

Leçon 12

La préposition "de"

Il s'agit de la préposition française "de" ("du", "des").

•1°/ Elle est exprimée par la forme "zéro" dans les cas suivants :

a) l'appartenance :
"joujou timanmay-la" : "le jouet de l'enfant".

b) valeur partitive :
"i bwè dlo" : "il (elle) a bu de l'eau"
"man lé pen" : "je veux du pain".

c) valeur indéfinie, au pluriel :
"i ka vann bèl bagay" : "il (elle)vend de belles choses".

d) avec la plupart des verbes :
"i bouzwen dòmi" : "il (elle) a besoin de dormir"
"i ka mò fen" : "il (elle) meurt de faim"
"i pòkò fini travay" : "il (elle) n'a pas encore fini de travailler".

e) la provenance (proche de l'appartenance) :
"boug Fòdfrans la" : "le type de Fort-de-France".

f) complément d'adjectif :
"fout sa bon rété lakay ou !" : "que c'est bon de rester chez soi !".

g) la manière :
"i ka dansé an mannyè gwosomodo" : "il (elle) danse d'une façon grossière".

h) dénombrement :
"yonn sé jou-a" : "un de ces jours".

•**2°/** Elle peut être exprimée par "**di**" ("de") :

a) après certains verbes :
"i ka otjipé di yich li" : "il (elle) s'occupe de ses enfants"
"pa palé mwen di boug-tala !": "ne me parle pas de ce type !"
"man kontan di'w" : "je suis content de toi".

(attention: "**man kontan'w**" : "je taime"
"**man pa kontan sa**" : "je ne suis pas content de ça".

b) après préposition :
"an plis di sa" : "en plus de ça".

•**3°/** Elle peut être rendue par "**sòti**" ("sortir") pour la provenance :
"sòti Senpyè, rivé Fòdfrans" : "de Saint-Pierre à Fort-de-France".

•**4°/** Elle peut être traduite par "**an**" ("en") :

a) expression de la matière :
"an tab an bwa" : "une table de bois"
"an kay an tòl" : "une maison de tôle".

b) expression de l'allure :
"i ka maché an mannyè zwa" : "il (elle) marche à la manière d'une oie" ("d'une manière semblable à celle d'une oie").

• 5°/ Elle peut être rendue par **"adan"** ("dans") pour le dénombrement ou la localisation :

"dé adan yo chapé" : "deux d'entre eux se sont échappés"
"annou sòti adan goumen-tala !" : "sortons de ce combat !"
"sòti adan chimen-tala !" : "sors de ce chemin !".

Leçon 13

Autres prépositions

••• " pour" : cette préposition a **3** traductions.

1°/ "pou"

a) suivie d'une proposition ou d'un infinitif, avec le sens de
" pour que", "afin que" :
"man ka travay pou ou pé sa viv alèz kò'w" : "je travaille pour que tu puisses vivre à ton aise" (2 sujets différents)
"man ka travay pou érisi" : "je travaille pour réussir" (même sujet).

b) suivi d'un complément, avec le sens de "dans l'intérêt" :
"i ka travay pou yich li" : "il (elle) travaille pour ses enfants".

c) suivi d'un attribut :
"ou ka pran mwen pou an makak ?" : "tu me prends pour un singe ?".

d) avec un complément de lieu :
"i pati pou Frans" : "il (elle) est parti(e) pour la France".

e) "pour ce qui est de", "en considération de" :
"pou kouyon, i kouyon" : "pour être sot(te), il(elle) est sot(te)".

2°/ "ba"

a) suivi d'un nom avec le sens de " au profit de" :
"i ka travay ba bétjé-a" : "il(elle) travaille pour le béké".

b) suivi d'un nom ou d'un pronom, avec le sens de "dans l'intérêt de" :
"man ké fè tou sa man pé ba'w" : "je ferai tout ce que je peux pour toi".

••• "vers" : " **koté**", " **o**", " **oti**", " **pabò**", " **pa koté**" :

"nou ka alé o (oti) Pòl" : "nous allons vers Paul" (directionnel)
"yo pati koté midi" : "ils (elles) sont parti(e)s vers midi" (localisation)
"vini wè mwen pabò katrè" : "viens me voir vers quatre heures" (approximation).

••• "en" , "dans" : "**an**", "**adan**", "**nan**", "**ann**", "**andidan**" (il s'agit de la préposition de lieu) :

"ann Italie" : "en Italie"
"an lanmen'w" : "dans ta main"
"adan an komin" : "dans une commune"
"andidan kay-la" : "dans la maison".

N.B. La préposition "en" dans des expressions comme "j'en ai", "j'en ai apporté", "il en a fait un", etc... sera étudiée à part (voir page 141).

••• "chez" : "**kay**", "**lakay**", "**akay**", "**éti**" :

"i ka alé éti manman'y" : "il (elle) va chez sa mère" ("vers", "du côté de")
"pòté sa alé lakay Pyè" : "porte ça chez Pierre"
(verbe composé "**pòté alé**" : "emmener". Voir page 93)
"kay manman" : "chez maman"
"man ka viré akay mwen" : "je rentre chez moi".

• • • "contre"

1°/ "kont" (en opposition à)
"sa ki pa pou mwen kont mwen" : "ceux (celles) qui ne sont pas pour moi sont contre moi"
"nou ké goumen kont yo" : nous nous battrons contre eux".

2°/ "épi" (avec "se battre")
"i ka goumen épi sa ki fò pasé'y" : "il (elle) se bat contre plus fort que lui (qu'elle")".

3°/ "bò" ("tout contre" - "auprès de")
"mété kò'w bò finèt-la" : "place-toi tout contre la fenêtre".

Leçon 14

Autres prépositions (suite)

"avec" est traduit par

1°/ "épi" :

a) moyen :
"yo pa ka pran mouch épi vinèg" : "on n'attrape pas les mouches avec du vinaigre".

b) accompagnement :
"frè mwen vini épi madanm li" : "mon frère est venu avec sa femme".

c) "être partisan de" :
"sa ki pa épi mwen kont mwen" : "ceux (celles) qui ne sont pas avec moi sont contre moi".

d) caractérisation :
"papa mwen, sé misyé épi chapo-a" : "mon père, c'est l'homme avec le chapeau".

e) "en considération de" :
"épi tout tounen viré'y la, i ké fini pa tonbé kagou" : "avec toutes ses activités, il (elle) va finir par tomber malade".

f) "du même côté que" :
"nou ké goumen épi'w kont yo" : "nous nous battrons avec toi contre eux".

g) "en opposition avec" :
"**asé goumen épi frè'w la**" : "cesse de te battre avec ton frère".

h) complément de certains verbes :
"**palé épi an moun**" : "parler avec quelqu'un".

2°/ "ansanm épi" (accompagnement) :
"**man té lékòl ansanm épi'y**" : "j'étais en classe avec lui (elle)".

Quelques prépositions

"après" : "**apré**"
"**apré mwen**" : "après moi".
"avant" : "**avan**"
"**avan'w**" : "avant toi".
"depuis" : "**dépi**"
"**dépi nanni nannan**" : "depuis belle lurette".
"derrière" : "**dèyè**"
"**dèyè kay-la**" : "derrière la maison".
"dès" : "**dépi**"
"**dépi i wè mwen..**" : "dès qu'il m'a vu...".
"devant" : "**douvan**"
"**douvan mèt-la**" : "devant le maître".
"entre" : "**ant**"i
"**ant sé pyébwa-a**" : "entre les arbres".
"envers" : "**épi**"
"**rèspé épi papa'w**" : "respect envers ton père".
"parmi" : "**adan**", "**an mitan**"
"**adan yo**" : "parmi eux".
"hors" : "**déwò,**", "**an déwò**"
"**an déwò kay-la**" : "hors de la maison".
"jusque" : "**jik**"
"**jik jòdi-a**" : "jusqu'à aujourd'hui".

"malgré" : **"magré"**

"magré tout" : "malgré tout".

" outre" : **"an plis di"**

"an plis di sa" : "outre cela".

"sans" : **"san"**

"san manman" : "sans maman".

"selon" : **"silon"**

"silon van" : "selon le vent".

"sous" : **"anba"**

"anba tab-la" : "sous la table".

"sur" : **"anlè"**, **"asou"**

"anlè kont mwen" : "sur mon compte".

Leçon 15

Le verbe "être"

Il peut être rendu en créole de **4** manières différentes.

1°/ Il n'est pas exprimé (forme zéro) devant un adjectif ou pour le temps, la manière ou le lieu :

"Pyè kontan" : "Pierre est content"
"Pyè pa kontan lè man ka vini wè'y" : "Pierre n'est pas content quand je viens le voir"
"sé kabrit-la gro" : "les chèvres sont grosses"
"fout boug-la fò !" : "qu'est-ce que le type est fort !"
"ki non'w ?" : "quel est ton nom ?"
"yo adan menm lékòl-la" : "ils sont dans la même école"
"i la" : "il (elle) est là"
"i katrè" : "il est quatre heures"
"i dòktè" : "il (elle) est médecin"
"man byen" : "je suis bien"
"sa rèd" : "c'est dur"

2°/ Il peut être traduit par **"sé"** devant un nom. Ce **"sé"** est appelé copule, à ne pas confondre avec le **"sé"** présentatif qui signifie "c'est".

"Féfé sé an tigason" : "Féfé est un petit garçon" (il suffit d'une virgule pour transformer la phrase en **"Féfé, sé an tigason"**, qui signifie : "Féfé, c'est un petit garçon").

"ou sé an kouyon" : "tu es un sot"
"ou sé an nonm" : "tu es un homme"
"péyi mwen sé Matnik" : "mon pays est la Martinique"

"ou sé ki moun ?" : "qui es-tu ?"
"non mwen sé Pyè" : "mon nom est Pierre"
"Pyè, ki sé frè mwen..." : "Pierre, qui est mon frère...".

Au pluriel, le non-défini sera précédé de "**dé**" (différent du numéral "**dé**": "deux") :
"Pyè épi Pòl sé dé timanmay" : "Pierre et Paul sont des enfants".

À la forme négative, la copule disparaît :
"ou pa an nonm" : "tu n'es pas un homme",
mais avec le présentatif "**sé**", le problème ne se pose pas :
"Féfé, sé pa an tigason" : "Féfé, ce n'est pas un petit garçon".

3°/ Il est traduit par "**yé**" quand il y a déplacement du verbe, en particulier pour l'interrogation, pour le lieu ou pour la mise en relief :

"koté i yé ?" : "où est-il (elle) ?"
"sé la i yé" : "c'est là qu'il (elle) est"
"épi ki moun ou yé ?" : "avec qui es-tu ?"
"ki moun ou yé ?" : "qui es- tu ?"
"sé dòktè i yé" "c'est médecin qu'il (elle) est"
"kouyon kon ou yé" : "bête comme tu l'es"
"ki mannyè ou yé ?" : "comment es-tu ?"
"kisa ou anvi yé ?" : "qu'as-tu envie d'être ?".

4°/ Il peut enfin être traduit par la forme pleine "**èt**". On la trouve en particulier dans le créole francisé :
"sa (èt) lib védi ?" : "que signifie être libre ?".

Dans la phrase suivante, on note son absence quand le pronom personnel "**i**" permet la forme zéro devant un attribut :
"Pyè fè sa pou i (pé sa) chomè" : "Pierre a fait ça pour être chômeur"
"Pyè fè sa pou èt chomè" (pas de pronom personnel).

Il devient utile dans des phrases équivoques :
"i lé èt an bon dòktè" : "il (elle) veut être un bon médecin"

(**"i lé an bon dòktè"** signifie "il (elle) veut un bon médecin")

"i anvi pa èt an chomè" : "il (elle) a envie de ne pas être chômeur"

"i lé èt fò" : "il (elle) veut être fort(e)"

"i anvi èt rich" : "il (elle) a envie d'être riche"

"i enmen èt lib" : "il (elle) aime être libre"

"i bouzwen èt enstui" : "il (elle) a besoin d'être instruit(e)".

Leçon 16

Le verbe et l'expression du temps

Le présent

1°/ *La particule* "ka" *et le présent*

La particule "**ka**", placée devant la plupart des verbes indique l'aspect, c'est-à-dire la manière dont l'action exprimée par le verbe est envisagée dans la durée, le déroulement ou l'habitude. Elle peut être associée à d'autres particules : celle qui a la forme "**té**" pour le passé (voir page 73), celle qui a la forme "**ké**" pour le futur (voir page 77), ou celle qui a la forme zéro pour le présent. On a la forme zéro dans l'exemple suivant :

"man ka chanté" : "je chante", mais avec les deux sens suivants :

(1) "je suis en train de chanter" (avec aspect duratif)
(2) "je chante tous les jours" (avec aspect d'habitude).

"i ka travay toujou" : "il (elle) travaille encore"
"i toujou ka travay" : "il (elle) est toujours en train de travailler"
"nou ka sòti lékòl" : "nous sortons de l'école"
"man ka fini travay-la" : "je suis en train de finir le travail"
"Pyè ja ka vini" : "Pierre est déjà en train de venir".

"i pa ka travay ankò" : "il (elle) ne travaille plus"
"i pòkò ka travay" : "il (elle) ne travaille pas encore".

"yo ja la ka atann" : "ils (elles) sont déjà en train d'attendre"
"yo toujou la ka fè dézòd" : "ils (elles) sont toujours là en train de chahuter".

"anlo moun ka mò" : "des tas de gens meurent"
"sa Pyè ni ka chanté konsa ?" : "qu'est-ce que Pierre a à chanter tant et plus ?"
"i ka maché, maché, maché" : "il (elle) marche sans arrêt"
"Pyè ka chanté i ka chanté" : "Pierre chante énormément"
"Pyè ka chanté / i ka chanté": (ici, il n'y a que la répétition)
"Pyè ka pran kouri" : "Pierre se met à courir"
"i ka viré travay" : "il (elle) travaille de nouveau".

La particule **"ka"** peut se rencontrer devant un adjectif, avec le même sens :

"man pa ka kontan lè ou ka pati" : "je ne suis pas content du tout au moment où tu pars".

Disparition du **"ka"** :

"nou lé ou pati" : "nous voulons que tu partes".

2°/ *verbes sans* **"ka"**

Un certain nombre de verbes bloquent l'emploi de la particule **"ka"** avec sens duratif. Il s'agit notamment de :

"enmen" : "aimer"
"konnèt" : "connaître"
"pè" : "avoir peur"
"swèf" : "avoir soif"
"fen" : "avoir faim"
"ni" : "avoir"
"sav" : "savoir"

"lé" : "vouloir"
"pé" : "pouvoir"
"anvi" : "avoir envie"
"bouzwen" : "avoir besoin"
"dwèt" : "devoir"

"i enmen kòy twòp" : "il (elle) s'aime trop"
"i ni anlo lajan" : "il (elle) a beaucoup d'argent"
"ès ou sav Pyè la ?" : "sais-tu que Pierre est là ?"
"mwen sav sa", "mwen sav" : "je sais (ça)"
"ès ou lé vini épi mwen ?" : "veux-tu venir avec moi ?"
"man konnèt anlo moun" : "je connais un tas de gens"
"man pa anvi dansé" : "je n'ai pas envie de danser"

"man bouzwen sav sa ou lé" : "j'ai besoin de savoir ce que tu veux"
"man fen kon an griv" : "j'ai une faim de loup"
"nou sav ou kontan" : "nous savons que tu es content"
"man pè i pati" : "j'ai peur qu'il (elle) ne parte".

(Mas les verbes précédents peuvent être accompagnés de **"ka"** si cette particule a un sens d'habitude :

"i ka konnèt mwen lè man ni lajan" : "il me connaît chaque fois que j'ai de l'argent").

"ni" a le sens de "il y a" :

"ni anlo moun" : "il y a un tas de gens".
"pa ni pwoblèm" : "il n'y a pas de problème".

Devant un autre verbe, **"sav"** se transforme en **"sa"** : **"nou sa travay"** : "nous savons travailler".

N.B. Pour l'impersonnel, on dira :
"koumansé ka fè cho" : "il commence à faire chaud"
"ka fè nwè" : "il fait noir"
(on peut entendre, parfois, les variantes francisées avec pronom personnel **"i"** :
"i koumansé ka fè cho" et **"i ka fè nwè"**).

Leçon 17

Le passé

1°/ Le verbe employé sans particule (particule zéro) correspond au
passé composé français, qui est l'accompli du présent.

Cette forme sert aussi comme équivalent du
passé simple français qui a un sens passé événementiel :

"yo pati" : "ils (elles) sont parti(e)s" ou "ils (elles) partirent"
"i vini yè" : "il (elle) est venu(e) hier" ou "il (elle) vint hier"
"man wè'y" : "je l'ai vu(e)" ou "je le (la) vis"
"i mò" : "il (elle) est mort(e)" ou "il (elle) mourut"
"man tann li" : "je l'ai entendu(e)" ou "je l'entendis"
"i ba mwen lajan" : "il (elle) m'a donné de l'argent" ou "il (elle) me donna de l'argent"
"man bat li" : "je l'ai battu(e)" ou "je le (la) battis"
"ès ou konprann sa yo fini di'w la ?" : "as-tu compris ce qu'ils (elles) viennent de te dire ?".

"sa ou fè ?" : (mot à mot) "qu'as-tu fait ?"
(qui est la formule traditionnelle de salut, avec le sens de "comment ça va ?").

"man konprann" : "j'ai compris"
(qui prend souvent le sens de "je pense ...").

"i pran kouri" : "il (elle) s'est mis(e) à courir"

2°/ "té"

Employée seule devant les verbes qui acceptent le "**ka**" duratif, la particule "**té**" marque l'antériorité dans le passé. On obtient alors un temps qui correspond au plus-que-parfait du français :

"**man té di'w an bagay**" : "je t'avais dit quelque chose"
"**i té chanté**" : "il (elle) avait chanté"
"**yo té pati**" : "ils (elles) étaient parti(e)s"
"**yo tout té vini**" : : "ils (elles) étaient tou(te)s venu(e)s"
"**i té ja vini**" : "il (elle) était déjà venu(e)".

Employée devant un verbe qui n'accepte pas le "**ka**" duratif, la particule "**té**" marque simplement le passé sans antériorité, et correspond à quatre temps du français, l'imparfait, le passé simple, le passé composé et le plus-que-parfait :

"**man té lé**" : "je voulais", "je voulus", "j'ai voulu" et "j'avais voulu".

"**man té lé Pyè vini**" : "je voulais que Pierre vînt"
"**man té lé Pyè té vini**" : "je voulais que Pierre fût venu".

"**i pa té pé**" : "il ne pouvait pas", "il n'a pas pu", "il ne put pas", "il n'avait pas pu".

"**man pa té lanmès**" : "je n'étais pas à la messe"
(et les autres temps : "je n'ai pas été", "je ne fus pas", "je n'avais pas été". Ici, la particule "**té**" est seule pour indiquer le passé, puisqu'il s'agit du verbe "être" qui, au présent, se présente sous la forme zéro).

"**man té kontan**" : "j'étais content(e)"
(même remarque que dans la phrase précédente).

"**ès ou té malad** ?" : "étais-tu malade ?"
(même remarque).

"**si zandoli té bon vyann...**" : "si le lézard était une bonne viande..."

(avec la particule comme seule expression verbale).

"**si man té sav**" : "si je savais" ou "si j'avais su"

(ce qui explique la faute souvent commise en français dans la phrase conditionnelle où l'imparfait est employé à la place du plus-que parfait).

"**épi ki moun ou té yé ?**" : "avec qui étais-tu ?"

(où la particule se place devant la forme "**yé**" du verbe "être").

"**fòk i té tèbè menm**" : "il fallait qu'il fût bien bête".

3°/ "té ka"

"**té**" étant la particule qui marque le temps et indique le passé, quand elle est combinée avec la particule d'aspect "**ka**" devant le verbe, on obtient un temps du passé qui est continuatif, et qui correspond à l'imparfait du français.

"**i té ka chanté**" : "il (elle) chantait"
"**i té la ka atann**" : "il (elle) était là à attendre"
"**mi boug-la ki té ka palé ba'w la**" : "voici le type qui te parlait"
"**i té ka travay**" : "il (elle) travaillait"
"**yo pa té ka endé mwen**" : "ils (elles) ne m'aidaient pas"
"**man té ka wè'y té ka monté mòn-lan**" : "je le (la) voyais montant la colline"

(après le verbe de perception "**wè**" / "voir", on peut avoir une proposition participe).

N.B.
"**sé té...**" : : "c'était..."
"**sé pa té**" : "ce n'était pas"

(dans les deux cas précédents, il s'agit du présentatif "**sé**").

Leçon 18

Le futur et le conditionnel

1°/ Le futur

Le futur est rendu par l'emploi de la particule "**ké**" placée devant le verbe, que ce verbe accepte ou non la particule "**ka**" à valeur durative :

"**nou ké dòmi bonnè**" : "nous dormirons tôt"
"**nou ké sav sa démen**" : "nous saurons cela demain"
"**pli ou ké dòmi, pli ou ké anvi dòmi**" : "plus tu dormiras, plus tu auras envie de dormir".

"**kilès lizin ki ké fèmen ?**" : "quelle usine fermera ?"
"**anni ou pa sòti, ou ké wè**" : "essaie seulement de ne pas sortir, tu verras".

"**ki jou ou ké rivé ?**" : "quand arriveras-tu ?"
"**sé nou ki ké genyen**" : "c'est nous qui gagnerons"
"**dlo ké mantjé**" ou
"**ké mantjé dlo**" : "il manquera de l'eau".

La particule "**kay**" (ou "**kèy**" , ou "**kéy**") marque le futur proche :

"**ou ké travay**" : "tu travailleras", mais
"**ou kay travay**" : "tu vas travailler".

En ajoutant la particule d'aspect "**ka**", on obtient un futur continuatif :

"**lè ou ké rivé, nou ké ka dòmi**" : "quand tu arriveras, nous serons en train de dormir".

Le futur peut être aussi rendu par la préposition "**a**" :

"**m'a vini wè'w démen**" : "je viendrai te voir demain"
"**tanto, tanto, ou a wè**" : "bientôt, bientôt, tu verras" (proverbe).

À la forme négative, le "**pa**" qui précède se transforme en "**pé**" :

"**man pé ké pé vini**" : "je ne pourrai pas venir"
"**i pé ké fè sa**" : "il (elle) ne fera pas cela"
"**yo pé ké kwè sa**" : "ils (elles) ne le croiront pas".

Pour le verbe "être" non traduit, la particule "**ké**" suffit :

"**tout tan nou ké isi-a**" : "tant que nous serons là"
"**i ké ja la**" : "il (elle) sera déjà là"
"**i ké toujou la**" : "il (elle) sera toujours là".

La copule "**sé**" est effacée au futur :

"**Éliza ké an tifi**..." : "Éliza sera une petite fille ...".

L'antériorité se marque avec le verbe "**fini**" :

"**lé man ké fini manjé**" : "quand j'aurai mangé" (équivalent du futur antérieur français).

2°/ Le conditionnel

Le conditionnel est rendu par la combinaison des deux particules (passé et futur) "**té ké**" :

"**yo té ké ja pati**" : "ils (elles) seraient déjà parti(e)s"
"**yo pa té ké ja pati**" : "ils (elles) ne seraient pas encore parti(e)s"
"**man té ké tonbé, si**.." : "je serais tombé si..."
"**i pé té ké jen**..." ou
"**i jen pa té ké**.." : "il (elle) ne serait jamais..."
"**i toujou té ké**..." : "il (elle) serait de toute façon...".

À la forme négative on dira aussi "**pé té ké**" pour "**pa té ké**" :

"**i pé té ké kwè sa**" : "il (elle) ne le croirait pas".

On peut aussi ajouter "**ka**" pour obtenir un temps continuatif :

"**nou té ké ka dansé**" : "nous serions en train de danser".

"**té ké**" peut être remplacé par "**sé**" :

"**man sé bwè an koko**" : "je boirais bien un coco"
"**ou sé ri mwen**" : "tu te moquerais de moi"
(ou "tu te serais moqué(e)").

"**sé sé manman mwen, man pa té ké pé di'y sa**" : "ce serait ma mère, que je n'aurais pas pu lui dire ça"
(le premier "**sé**" est le présentatif, et le deuxième la marque du conditionnel).

La forme "**té kay**" indique l'immédiateté :

"**man té kay tonbé**" " "je serais tombé(e)"
("j'étais sur le point de...").

" **té ké** " peut être prononcé "**té'é**" :
"**nou té'é vini...**" : "nous serions venu(e)s...".

N.B. Il n'y a évidemment pas de différence entre le conditionnel présent et le conditionnel passé, d'où la faute fréquente en français :
"je t'apporterais..." au lieu de "je t'aurais apporté...".

Leçon 19

La phrase conditionnelle

La phrase conditionnelle comprend une principale qui vient après la subordonnée de condition. Celle-ci est introduite soit par "**si**", soit par "**siyanka**" ("si toutefois"). Plusieurs temps peuvent entrer dans la formation de la phrase conditionnelle : on peut considérer qu'il y a **8** combinaisons pour la subordonnée introduite par "**si**", et **4** pour la subordonnée introduite par "**siyanka**".

Voici un tableau récapitulatif :

A / Subordonnée introduite par "**si**" :

1°/ **"si ou ka lévé ..., ou ké tann..."**
"si ou lévé ..., ou ké tann..." : "si tu te lèves ...,` tu entendras ..."
("**si**" + présent dans la subordonnée où le "**ka**" est facultatif - futur dans la principale).

2°/ **"si ou ka rivé ..., nou ka ba..."**
"si ou rivé ..., nou ka ba ..." : "si tu arrives ..., nous donnons ..."
("**si**" + présent dans la subordonnée où le "**ka**" est facultatif - présent dans la principale).

3°/ **"si ou té ka travay ..., ou té ké ni ..."** : "si tu travaillais ..., tu aurais ..."
("**si**" + passé en "**ka**" dans la subordonnée - conditionnel dans la principale. *Cas fréquent*).

4°/ **"si ou té travay ..., ou té ké ni ..."** : "si tu avais travaillé ..., tu aurais eu ..."
("**si**" + passé sans "**ka**" dans la subordonnée - conditionnel dans la principale. *Cas fréquent*).

5°/ **"si ou sé ka alé ..., nou sé vini .."**
"si ou sé alé ..., nou sé vini ..." : "si tu allais ..., nous viendrions ..." ("étais allé(e)" ... , "serions venu(e)s ...")
("**si**" + optatif dans la subordonnée - optatif dans la principale).

6°/ **"si ou sé ka alé. .., man sé ké vini ..."**
"si ou sé alé ..., man sé ké vini ..." : "si tu allais ..., je viendrais" ("étais allé(e) ... , serais venu(e) ...")
("**si**" + optatif, avec ou sans "**ka**", dans la subordonnée - optatif + futur dans la principale).

7°/ **"si ou té ka travay ..., ou sé ké ni ..."** : "si tu travaillais ..., tu aurais ..." (*Cas rare*)
("**si**" + passé avec "**ka**" dans la subordonnée - optatif + futur dans la principale).

8°/ **"si ou té travay ..., ou sé ké ni ..."** : "si tu avais travaillé ..., tu aurais eu ..." (**cas rare**)
("**si**" + passé dans la subordonnée - optatif + futur dans la principale).

B/ Subordonnée introduite par "**siyanka**" :

1°/
"siyanka man touvé ..., man ké pòté ..." : "si je trouve. .., je porterai..."
(présent sans "**ka**" dans la subordonnée futur dans la principale).

2°/
"siyanka man ka touvé. .., man ka pòté ..." : "si je trouve ..., je porterai ..." (ou "je porte ...")
(présent dans la subordonnée - présent dans la principale).

3°/
"siyanka ou té ké ni ..., ou té ké ba ..." : "si tu avais ..., tu donnerais ..."
(conditionnel dans les deux membres de la phrase).

4°/
"siyanka pa sé ni ..., man sé kité ..." : "s'il n'y avait pas ..., je laisserais ..."
(optatif dans la subordonnée - optatif dans la principale).

Leçon 20

Le mode impératif

(exhortation - mise en garde - dissuasion - souhait)

L'impératif est la forme simple du verbe employée sans particule pour l'ordre comme pour la défense :

"sòti la !" : "sors de là !"
"pa menyen mwen !" : "ne me touche pas !"
"kouri kouri, mé pa chalviré sé vè-a !" : "cours autant que tu voudras, mais ne renverse pas les verres !"
"sav sa ou ka fè !" : "sache ce que tu fais !".

Avec les verbes de mouvement, on emploie fréquemment un pronom personnel (de la deuxième personne évidemment), pour renforcer l'ordre :

"sòti'w" ! : "sors, toi !",
"vini'w !" : "viens, toi !",
"alé'w !" : "va, toi !",
"maché'w !" : "marche, toi !",
"tjilé'w !" : "recule, toi !"
"sòti zòt !" : "sortez, vous-autres !".

Il faut distinguer **"sòti'w !"** de
"sòti kòw !" : "sors-toi !" (réfléchi).

Il peut y avoir répétition de l'impératif, le second devenant complément du premier :

"manjé manjé'w !" : "mange ton manger !"
"dòmi dòmi'w !" : "dors tant que tu veux !"
"bizwen bizwen'w !" : "aie tous les besoins que tu veux !".

Certains verbes ne peuvent se conjuguer à l'impératif comme "**lé**" : "vouloir",
"**pé**" : "pouvoir",
"**anvi**" : "avoir envie",
"**swèf**" : "avoir soif",
"**bouzwen**" : "avoir besoin" :

"**anni lé érisi lègzanmen-an, ou ka érisi** !" : "rien qu'en voulant réussir à l'examen, tu réussis !"
"**bouzwen lajan kon ou lé...**" : "aie besoin d'argent comme tu veux...".

On peut apporter une restriction avec "**anni**" : "seulement" :

"**anni sòti, ou ké wè** !" : "sors seulement, et tu verras !"
"**anni ou pa sòti...**!" : "essaie seulement de ne pas sortir...!"
"**anni menyen mwen...**!" : "tu n'as qu'à me toucher...!"
"**pa anni vini krazé tou sa** !" : "ne viens pas simplement casser tout ça !"
"**anni i pa sòti** !" : "qu'il (elle) ne sorte pas !".

"avoir beau", "autant que" :

"**travay kon man lé, man pé ké janmen fè lajan**" : "j'aurai beau travailler, je ne ferai jamais d'argent" (mot à mot : "à travailler comme je veux...")

"**travay kon zòt pé...**" : "travaillez autant que vous pourrez..."
"**palé tout tan ou lé**" : "parle autant que tu voudras"
"**mandé tou s o lé**" : "demande tout ce que tu voudras"
"**bèl kon ou lé...**" : "sois beau autant que tu veux..."
"**bèl tout bèl ou, mé péla** !" : "sois belle et tais-toi !".

"**kité**"("laisser") avec les autres personnes que la deuxième :
"kité'y palé palé'y..." : "qu'il (elle) parle..."
"kité'y bèl bèl li..." : "qu'il (elle) soit beau (belle)..."
"kité nou bèl tout bèl nou...": "soyons beaux (belles)...".

"pa kité'y palé..." : "ne le (la) laisse pas parler..."
"kité'y pa palé..." :"qu'il (elle) ne parle pas..."
"kité zòt vini..." : "venez...".

"**kité mwen**" peut prendre la forme abrégée "**kit'an**" :
"kit'an fè sa !" : "laisse-moi faire ça !".
"**ba**" ou "**prété**" jouent le même rôle que "**kité**" :
"**ba (prété) mwen kouri...**" :"que je courre..."
"**ba mwen**" peut prendre la forme abrégée "**b'an**".

À la première personne du pluriel, on trouve la forme "**annou**" :

"**annou chanté** !" : "chantons !"
"**annou alé** !" ou

L'impératif peut être accompagné de particules à valeur d'insistance qui le complètent ("**en**", " **i**", "**hon**") :

on peut avoir "**sòti la , on** !" : sors donc !"
"**sòti la , en** !" : "sors donc ! te dis-je !"
"**sòti la , i** !" : "sors donc ! te dis-je !"
"**sòti la , hon** !" : "sors donc ! bon !"
"**sòti la , en ! hon** !" : "sors donc ! te dis-je ! bon !"

Souhait - Ordre

"**ki mwen pa tann zòt ankò** !" : "que je ne vous entende plus !"

"**ki yo pa déviré** !" : "qu'ils (elles) ne reviennent plus !".

L'impératif peut aussi être rendu par l'indicatif, au présent ou au futur :

"**ou ka pran**..." : "tu prends..." ou
"**ou ké pran**" : "tu prendras"
(avec un ton et un sens très impératifs).

Leçon 21

Le passif

Il n'y a pas de variation morphologique entre l'actif et le passif, sauf dans les cas indiqués ci-dessous. Le passif existe donc, mais à des conditions particulières. La phrase :

"nou ké manjé vyann-lan démen" : "nous mangerons la viande demain"

ne peut, par exemple, pas être mise au passif.

Par contre, la phrase :

"yo prété lajan-tala pou dé lanné " : "ils ont prêté cet argent pour deux ans"

peut devenir

"lajan-tala prété pou dé lanné" : "cet argent est prêté pour deux ans".

On aura la possibilité de mettre cette phrase passive au futur :

"lajan-tala ké prété pou dé lanné" : "cet argent sera prêté pour deux ans".

De même :

"yo voyé lèt-la" : "ils ont envoyé la lettre",

deviendra

"lèt-la voyé" : "la lettre est (a été) envoyée".

"yo balyé lakou-a" : "on a balayé la cour"

deviendra

"lakou-a balyé" : "la cour est (a été) balayée"

Les trois cas de variation morphologique entre la construction active et la construction passive sont :

"**pri**" (passif) de "**pran**" (actif) ("pris" / "prendre")
"**fèt**" (passif) de "**fè**" (actif) ("fait" / "faire")
"**bay**" (passif) de "**ba**" (actif) ("donné" / "donner").

On aura donc :

"**an kay byen fèt** : "une maison bien faite"
"**sé épi zé lonmlèt ka fèt**" : "c'est avec des oeufs que l'omelette est faite"
"**an lajan bay**" : "un argent donné"
"**i pri**" : "il (elle) est pris(e)"
"**mouch pa ka pri épi vinèg**" : "les mouches ne sont pas prises avec du vinaigre".

On aura également :

"**an loto kalbòsé**" : "une voiture cabossée",
"**an fanm tonbé**" : "une femme tombée" (sens moral),
"**an lang palé**" : "une langue parlée".

N.B. En marge de la voix (actif ou passif), il faut signaler des cas de proposition participiale.

On peut rencontrer en créole des phrases du type :

"**man ka wè'y ka monté mòn-la**" : "je le vois montant la colline",

(avec des verbes de perception comme "**wè**", "**tann**", "**gadé**", "**touvé**", "**jwenn**", "**souprann**" : "voir, entendre, regarder, trouver, rencontrer, surprendre").

Ainsi :

"**man ka gadé'y monté mòn-la**" : "je le regarde montant la colline"
(sans la particule "**ka**")

"**man pa té tann li ka vini**" : "je ne l'avais pas entendu venir" (venant).

"**mi an boug travay anlo** !" : "quel type travailleur (travaillant) !", (venant de la relative "**ki ka travay anlo**" : "qui travaille beaucoup". Le verbe doit obligatoirement être accompagné d'un élément qui le complète, appelé expansion).

"**mi lapli rivé vit** !" : "quelle pluie soudaine !"
(arrivant vite !)"

"**mi boug pran kouri vit** !" : "quel type prompt à la fuite !"
(se mettant vite à courir)

"**mi fanm mennen loto vit** !" : "quelle femme conduisant vite !"

"**mi boug pa konnèt ayen** !" : "quel type ignorant !"
(ne sachant rien)

"**mi boug rivé dòmi vit** !" : "quel type prompt à s'endormir !"
(arrivant à dormir vite).

Leçon 22

Les verbes composés

La composition est un processus de création lexicale très important en créole. On combine des éléments verbaux pour donner naissance à des verbes composés, dont la signification est plus précise que celle de chacun des éléments, ainsi :
"**maché bwété**" : "marcher en boitant, clopiner, boitiller, claudiquer, se déhancher".

La composition peut se faire aussi au moyen de prépositions ou d'adverbes, ainsi :
"**bay adan**" : "foncer dans"
"**bay douvan**" : "avancer"
"**bay dèyè**" : "reculer".

On combine, pour le mouvement, les verbes suivants: "**vini / alé**", "**vini / viré**", "**alé / viré**", "**monté / désann**", "**tjilé / vansé**" ("venir, aller, retourner, monter, descendre, reculer, avancer").

On aura :
"**maché alé**" : "marcher vers l'extérieur" (centrifuge)
"**maché vini**" : "marcher vers l'intérieur" (centripète)
"**maché vansé**" : "marcher en avançant"
"**maché tjilé**" : "marcher en reculant"
"**kouri alé**" : "courir vers l'extérieur" (centrifuge)
"**kouri vini**" : "courir vers l'intérieur" (centripète)
"**pati alé**" : "partir"
"**maché désann**" : "marcher en descendant"
"**kouri désann**" : "courir en descendant" .

L'un des deux verbes contient le sens lexical, et l'autre ajoute une nuance adverbiale :
"**mennen alé**" : "emmener" (centrifuge à cause de "**alé**")
"**mennen vini**" : "amener" (centripète à cause de "**vini**")
"**pòté alé**" : "emporter" (centrifuge)
"**pòté vini**" : "apporter" (centripète).

On aura :

"**alé vini**" : "aller et venir sans cesse"
"**tonbé lévé**" : "se déplacer vite"
"**monté désann**" : "monter et descendre sans cesse"
"**tounen viré**" : "retourner sans cesse dans tous les sens, virevolter"
"**maché soukwé**" : "marcher en se dandinant"
"**maché brennen**" : "marcher en se dandinant"
"**vansé tjilé**" : "avoir une démarche hésitante"
"**bay monté**" : "monter rapidement"
"**bay désann**" : "descendre rapidement"
"**bay alé**" : "se diriger sans hésitation".

"**asé tounen viré tou sa an tèt ou** !" : "cesse de remuer sans cesse tout ça dans ta tête !".

La composition "**alé viré**" peut avoir un emploi adverbial dans une phrase, et signifiera simplement : "à qui mieux mieux".

Sans mouvement, ou aura les compositions suivantes :

"**gadé wè**" : "s'occuper de"
"**chèché wè**" : "chercher à savoir"
"**chèché gadé wè**" : "chercher à savoir avec insistance" (avec trois verbes).

Le complément (substantif ou pronom personnel) sera régi par un seul verbe, celui qui porte le sens lexical :

"**pòté sa alé**" : "emporte ça"
"**pòté sa vini**" : "apporte ça"
"**pòté sa viré**" : "rapporte ça"

"mennen'y alé" : "emmène-le"
"mennen'y vini" : "amène-le"
"mennen yo viré" : "ramène-les"
"voyé boul-la alé" : "envoie le ballon" (vers l'extérieur)
"voyé boul-la viré" : "renvoie le ballon" (vers l'intérieur).

"li ékri" signifiera "être alphabétisé",
"palé bwodé" : "parler avec affectation", et
"bwè manjé" : "se nourrir".

Leçon 23

L'obligation et la probabilité

L'obligation peut être rendue de trois manières différentes :

"fòk" ou **"fo"** / **"pou"** / **"dwèt"**

1°/ **"fòk"** ou **"fo"**, avec le sens de "il faut", permettent l'expression de l'obligation dans une construction personnelle ou impersonnelle :

"fòk travay pou bwè manjé" : "il faut travailler pour vivre"
"fòk pati" : "il faut partir"
(obligation impersonnelle).

"fòk ou travay" : "il faut que tu travailles"
"fo ou vini épi nou" : "il faut que tu viennes avec nous"
"fòk i té répété" : "il fallait qu'il (elle) répète"
"fòk i té tèbè menm" : "il fallait qu'il (elle) fût stupide"
"fòk boug-la pati" : "il faut que le type s'en aille"
(obligation personnelle).

"sa ki fo" : "ce qu'il faut"
"tousa ki fo" : "tout ce qu'il faut".

2°/ **"pou"**

Avec le présentatif **"sé"** , placé devant le verbe (quand celui-ci est exprimé) la préposition **"pou"** exprime également l'obligation :

"sé pati pou pati" : "il faut partir"

"**sé pati pou nou pati**" : "il faut que nous partions" ou "nous devons partir".
"**sé bèl pou ou bèl**" : "tu dois être beau (belle)"
(le verbe "être" est sous la forme zéro).

Le présentatif "**sé**" peut être placé devant l'antécédent d'une relative :

"**sé sa pou i di**" : "c'est ce qu'il (elle) doit dire"
"**sé lèt pou ba'y**" : "c'est du lait qu'il faut lui donner".

Dans certains cas, c'est la préposition "**pou**" elle-même, avec le sujet du verbe, qui peuvent n'être pas exprimés :

"**sé (pou) pran douvan avan i two ta**" : "il faut prendre les devants avant qu'il ne soit trop tard"
"**sé (pou nou) pati lamenm, si nou lé rivé**" : "il faut que nous partions (nous devons partir) tout de suite, si nous voulons arriver".

On peut avoir les combinaisons suivantes, pour la même phrase :

"**nou pou pati**" : "il faut que nous partions"
"**sé pati pou nou pati**" : "il nous faut partir"
"**sé pou nou pati**" : "il convient de partir"
"**sé pati pou pati**" : "il convient que nous partions"
"**pati pou pati**" : "il faut partir"
"**sé pou pati**" : "il faut partir".

Sans présentatif "**sé**", la préposition "**pou**" est placée devant le verbe :

"**ou pou kouté mwen**" : "tu dois m'écouter"
"**loto pa pou vini la**" : "les voitures ne doivent pas venir là"
"**tout lékòl pou travay**" : "toute (n'importe quelle) école doit travailler"
ou "toutes les écoles doivent...".

Au futur ou au passé on a les combinaisons suivantes :
"Pyè ké pou pati" : "Pierre devra partir"
"i té pou travay" : "il (elle) devait (dut) travailler"
"ou ké pou di mwen..." : "tu devras me dire..."

3°/ "dwèt"

C'est la traduction du verbe "devoir". Il faut noter que ce verbe exprime non seulement l'obligation, mais aussi la probabilité :

"Pyè dwèt travay" : "Pierre doit travailler"
"i dwèt chayé dlo" : "il (elle) doit transporter de l'eau"
"sa dwèt fèt" : "ça doit être fait".

"sé bèf-la dwèt chapé" : "les boeufs ont dû s'échapper"
"ou dwèt té ka anniyé kòw" : "tu devais t'ennuyer"
"sé an moun ki dwèt bèl" : "c'est une personne qui doit être belle".

"ou dwèt sé..." : "tu dois être..."
"i dwèt kontan touléjou" : "il (elle) (se) doit (d') être content(e) tous les jours"
"i dwèt èt kontan" : "il (elle) doit être content(e)"
"i té dwèt la (i té dotèt la)" : "il (elle) aurait dû être là"
(il faut noter l'existence de "**dotèt**").

"ou dwèt pati" : "tu dois partir"
"ou té dwèt pati" : "tu aurais dû partir"
"ou té dwèt té pati" : "tu aurais dû être parti"
"ou té dwèt ja pati" : "tu aurais dû être déjà parti"
"ou té dwèt té ja pati" : "tu aurais dû être déjà parti".

"ou té dwèt ka travay" : "tu aurais dû être en train de travailler"
"zòt pa té dwèt ja la ka atann" : "vous n'auriez pas dû être déjà là en train d'attendre"

"yo té dwèt ka chèché" : "ils (elles) devraient chercher".

N.B. L'expression **"i sé pé..."** a le sens de "il aurait dû...".

Leçon 24

"Pouvoir"

Le verbe français "pouvoir" est rendu par le verbe créole "**pé**" qui contient les deux valeurs de capacité et de possibilité :

"**ou pé pati**" : "tu peux partir"
"**ki yo pé, ki yo pa pé, zafè kòyo**" : "qu'ils (elles) puissent ou qu'ils (elles) ne puissent pas, c'est leur affaire"
"**jennjan, ganmen tout tan ou pé**" : "jeune homme, fais le beau autant que tu peux".

"**i pé bèl**" : "il (elle) peut être beau (belle)"
(avec verbe "être"sous la forme zéro)

"**sa pé fèt**" : "ça peut être fait"
(également avec verbe "être" sous la forme zéro).

"**i pé dòmi**" : "il (elle) peut (est en mesure de) dormir"
"**i ké pé pati**" : "il (elle) pourra partir"
("**ké pé**" = futur de "**pé**").

Le verbe "**pé**" est souvent accompagné du verbe "**sav**" (dans sa forme réduite "**sa**") quand il s'agit de rendre l'idée de réussite :

"**man ba'y san fran, pou i pé sa manjé**" : "je lui ai donné cent francs pour qu'il (elle) puisse (parvienne à) manger".

Il n'y a pas d'impératif pour le verbe "**pé**", aussi dira-t-on :

"**ou pé pati**", quand on veut donner la nuance impérative.

Dans les formes impératives, le verbe "**pé**" est souvent construit avec "**kon**", "**tout tan**" ou "**tou sa**", pour renforcer le verbe employé :

"**travay kon zòt pé, zòt pé ké jen fè lajan**" :
"travaillez autant que vous le pouvez, vous ne gagnerez jamais d'argent"
"**kouri tout tan ou pé, ou pé ké rivé**" :
"cours autant que tu peux, tu n'arriveras pas"
"**chèché tou sa ou pé, ou pé ké touvé**" :
"cherche autant que tu peux, tu ne trouveras pas".

Dans les 3 phrases précédentes,
la première occurrence de "**pé**" est le verbe "pouvoir",
et la deuxième est la forme modifiée de la négation "**pa**".

On dit en effet "**pé ké**" au lieu de "**pa ké**" (normalement attendu), de même que "**pé té ké**" au lieu de "**pa té ké**" (normalement attendu) .

On dira ainsi, au futur :

"**man ké pé**" : "je pourrai"
"**man pé ké pé**" : "je ne pourrai pas".

La possibilité

"**i pé ja rivé**" : "il est possible qu'il (elle) soit déjà arrivé(e)"
"**i pé té ja rivé**" : "il (elle) était peut- être déjà arrivé(e)"
"**i pé té vini**" : "il (elle) était peut-être venu(e)"
"**i pé té ka vini**" : "il (elle) venait peut-être".

"**i pé rivé épi ou pa té la**" : "il (elle) a pu arriver et que tu ne fusses pas là"
"**i pé la ka atann nou**" : "il (elle) est peut-être là à nous attendre".

"**i pé té kontan**" : "il (elle) était peut-être content(e)" (verbe "être" exprimé par la particule du passé "**té**").

"**i pé ka dòmi aprézan**": "il se peut qu'il (elle) dorme maintenant" (avec la particule d'aspect "**ka**" pour indiquer l'action).

"**i pé pa té sòti**" : "il est possible qu'il (elle) n'était pas sorti(e)" (il s'agit ici de l'expression de la possibilité, alors que " **i pa té pé sòti**" est l'expression du pouvoir :

"il (elle) ne pouvait pas sortir", car il (elle) en était incapable ou empêché(e).

"**i pé pa pa konprann**" : "il n'est pas possible qu'il (elle) ne comprenne pas"
(mot à mot : "il (elle) ne peut pas ne pas comprendre")

"**i pé pou pati, épi i pé pa pati**" : "il est possible qu'il (elle) doive partir, et qu'il (elle) ne le puisse pas"

(dans cette phrase, le premier "**pé**" exprime la possibilité, et le deuxième le pouvoir).

"**manjé-a pé tjuit, kon i pé pa tjuit**" : "le repas est peut-être cuit, comme il peut ne pas l'être"

(dans les deux cas, il s'agit ici d'une possibilité).

N.B.

1/ L'expression "**i sé pé**" a le sens de : "il (elle) aurait dû".

2/Il existe un verbe "**pé**" (ou "**péla**") qui a le sens de : "se taire".

Leçon 25

"Sé"(rappel)

Rencontrée à plusieurs reprises dans les leçons précédentes, la forme **"sé"** peut faire à présent l'objet d'une étude particulière en raison de ses emplois différents qui sont au nombre de **4**. Elle peut être :

1°/ le présentatif "c'est",

2°/ la marque du pluriel avec les articles définis (**"sé... la"** ou **"sé... a"**) ou avec les démonstratifs (adjectifs : **"sé... tala"** ou pronoms : **"sé tala"**),

3°/ la copule, c'est-à-dire l'équivalent du verbe "être" devant un attribut,

4°/ l'optatif, c'est-à-dire l' équivalent de la marque du conditionnel habituellement formé par les deux particules **"té ké"**.

1°/ Présentatif

"sa , sé ki bagay ?" : "ça, qu'est-ce que c'est ?"
"li, sé an kouyon" : "lui (elle), c'est un(e) imbécile"
"sé ki i pa ni lajan" : "c'est qu'il (elle) n'a pas d'argent"
"sé jenn i jenn ki fè i fouben konsa" : "c'est parce qu'il (elle) est jeune qu'il (elle) est pareillement insouciant(e)"
"sé adan menm lékòl-la yo yé" : "c'est dans la même école qu'ils (elles) sont"
"Éliza, sé an tifi" : "Éliza, c'est une petite fille"
"sé anvi man pa anvi sòti" : "c'est que je n'ai vraiment pas envie de sortir".

2°/ Marque du pluriel

"**sé zanmi'w la**" : "tes amis"
"**fòk tout sé moun-la travay**" : "il faut que tous les gens travaillent"
"**sé boug-tala**" : "ces types-là"
"**ni tjèk sé moun-la**" : "il y a quelques-unes de ces personnes"
"**man pran sé tala**" : "j'ai pris ceux-ci".

3°/ Copule - Verbe "être"

"**ou sé an salòp**" : "tu es un salaud"
"**i sé an kouyon**" : "il (elle) est stupide "
"**Misyé mè-a, ou sé an volè**" : "Monsieur le Maire, vous êtes un voleur"
"**Éliza sé an tifi**" : "Éliza est une petite fille"
"**i sé fi dòktè-a**" : "elle est la fille du médecin"
"**Pyè épi Pòl sé dé timanmay**" : "Pierre et Paul sont des enfants"
"**annou sipozé man sé wou, épi ou sé mwen**" : "supposons que je sois toi, et que tu sois moi".

4°/ Optatif - Conditionnel

"**i sé pé di mwen an bagay konsa**" : "il (elle) aurait dû me dire une chose comme ça"
"**man sé bwè an koko**" : "je boirais bien un coco"
"**si ou sé alé, man sé vini épi'w**" : "si tu y allais, je viendrais avec toi"
"**an sipozisyon ou sé rivé avan mwen**" : "supposons que tu sois arrivé (e) avant moi".

N.B. 1.
Il peut y avoir plusieurs "**sé**" dans la même phrase :

"**sé $_2$ mèt-la ka palé ba yo**" : "les maîtres leur parlent" (pluriel).

"**sé $_1$ mèt-la (k') ka palé ba yo**" : "c'est le maître qui leur parle"
(présentatif).

"**sé** $_1$ **sé** $_2$ **boug-la ki sé** $_3$ **dé kouyon**" : "ce sont les types qui sont des imbéciles"
($_1$ présentatif - $_2$ pluriel - $_3$ copule).

"**épi sé** $_2$ **boug-la, sé** $_1$ **o pli fenyan**" : "avec ces types-là, c'est à qui sera le plus fainéant"
($_2$ pluriel - $_1$ présentatif).

"**sé** $_1$ **sé** $_4$ **manman mwen, man pa té ké pè di'y sa**" : " ce serait ma mère, que je n'aurais pas peur de lui dire cela"
($_1$ présentatif - $_4$ optatif) .

"**sé** $_1$ **tout sé** $_2$ **nonm-tala**" : " ce sont tous ces types-là"
($_1$ présentatif - $_2$ pluriel).

"**bagay-tala, sé** $_1$ **an tab**" : "ce truc-là, c'est une table"
(présentatif).

"**bagay-tala sé** $_3$ **an tab**" : "ce truc-là est une table"
(copule).

N.B. 2.
"**sé** $_1$ **mèt-la ki palé**" : "c'est le maître qui a parlé" (et pas quelqu'un d'autre).

"**sé** $_1$ **mèt-la ki palé a**" : "c'est le maître qui a parlé" (ce maître-là, et pas un autre maître).

"**tala ki palé a, sé** $_1$ **mèt-la**" : "celui qui a parlé, c'est le maître"

(dans les trois phrases, il s'agit de "**sé** $_1$ présentatif).

Leçon 26

Le nom commun

Il peut y avoir blocage de l'article, quand le nom a une valeur générique :

"**loto pa pou vini la**" : "les voitures ne doivent pas pénétrer ici".

Des adjectifs peuvent être nominalisés dans certaines phrases :

"**débouya pa péché**" : "la débrouillardise n'est pas un péché"
("être débrouillard" : le fait d'être débrouillard)
"**bèl pa ka manjé an salad**" : "la beauté ne se mange pas en salade" ("être beau" : le fait d'être beau)
"**pyétè pa védi ou pa ka achté ayen**" : "l'avarice ne signifie pas que l'on n'achète rien" ("être avare" : le fait d'être avare).

Certains noms abstraits sont précédés d'un préfixe "**la**" ou "**l**", et sont employés sans article :

"**lajistis, sé an bon bagay**" : "la justice, c'est une bonne chose"
"**lajistis ka woulé byen adan péyi-tala**" : "la justice marche bien dans ce pays"
"**lenjistis, sé an movè bagay**" : "l'injustice, c'est une mauvaise chose".

On a ainsi :

"**ladébann**" : "fait de se disperser"
"**lakraponni**" : "couardise"

"**lapòltronni**" : "couardise"
"**lakanyanni**" : "apathie"
"**lanbéli**" ou "**labéli**" :"embellie"
"**lantouwonni**": "pourtour"
"**lablanni**" : "séchage"

"**mété rad lablanni**" : "mettre du linge à blanchir".

Mais on aura aussi la possibilité de se servir de l'adjectif mis en relief avec "**sé**" et le relatif ("**sé ... ki**") :

"**sé jenn i jenn ki fè i fouben kon sa**" : "c'est sa jeunesse qui le (la) rend inconscient(e)"
(avec l'adjectif "**jenn**")

"**sé kanyan i kanyan ki fè i pa érisi**" : "c'est son apathie qui l'a empêché(e) de réussir"
(avec l'adjectif "**kanyan**").

On a parfois recours à un substantif :

"**fòk man fè ti ponmnad mwen**" : "il faut que je fasse ma petite promenade",

mais la tendance est l'emploi du verbe (avec nominalisation) :

"**fòk man fè an ti maché**"
(même sens , mais avec le verbe "**maché**")
"**ba mwen an ti pousé**" : "donne-moi une petite impulsion"
(avec le verbe "**pousé**")
"**dòmi dous**" : "c'est bon de dormir"
(le verbe "**dòmi**" est sujet)
"**fè an kay, sa rèd**" : "faire une maison, c'est difficile"
(le verbe "**fè**" est également sujet).

"**man pa lé tann pyès palé**" : "je ne veux pas entendre un mot" (avec le verbe "**palé**")
"**i konyen an ti konyen**" : "il (elle) a frappé un petit coup"
(avec le verbe "**konyen**")

"i soté an ti soté" : "il (elle) a fait un petit saut"
(avec le verbe "**soté**")
"kité Pyè manjé manjé'y" : "laisse Pierre manger son repas"
"i dòmi an gwo dòmi" : "il (elle) a vraiment bien dormi".

Soit on dira "**tan ladébann**" : "temps de la dispersion", soit on utlisera le verbe "**débandé**" ("se disperser"). Cela dépendra du contexte et de l'intention communicative.

On dira aussi :

"lagoum pa ka fè nou pè" : "la lutte ne nous fait pas peur",

mais on pourra avoir :

"annou sòti adan goumen-tala" : "sortons de cette lutte"
(avec le verbe "**goumen**" : "lutter").

On se servira de "**latanblad**", "**latranblad**", "**latanmòt**", "**latanbòt**" : "tremblement", au lieu du verbe "**tranblé**".

On dira :

"lakayad pa pou mwen" : "la capitulation n'est pas mon habitude",
(au lieu de se servir du verbe "**kayé**" : "capituler").

On substantivera aussi les adverbes ; ainsi :

"**anba-a**" : "le dessous, la partie basse",
"**anwo-a**" : "l'étage, la partie haute".

On aura :
"mété'y atè" : "dépose-le", mais :
"mété'y atè-a" : "mets-le sur le sol".

"**fouté sa anlè**" : "jette ça", mais :
"**mété sa anlè-a** : "mets ça en haut".
"**atè isi-a**" : "ici-même, d'ici-même, du cru".

N.B. "**i ni dé kalité loto**" : "il (elle) a deux qualités de voitures"

"**i ni dé kalté loto**!" : "il (elle) a de ces voitures !"
("**kalité**" : "qualité" / "**kalté**" : "espèce").

Leçon 27

Noms propres, titres, termes d'adresse

Le noms propres peuvent, dans certains cas, être accompagnés de l'article :

"**Misyé Pòl la konprann i ké pran lèspri mwen**" : "ce Monsieur Paul pense qu'il va me mystifier"

"**Manzè Éliz la pa sa menm lavé an zasyèt**" : "cette demoiselle Élise ne sait même pas laver une assiette".

Il y a là une certaine distance :

"**man dirèktris la konprann i sé moun pasé tout moun**" : "cette directrice se croit vraiment supérieure à tout le monde"

"**manzè chèf la pa ka jwé**" : "mademoiselle le chef ne rigole pas"

"**misyé li jij la pa ka konprann sa man ka di'y la**" : "ce monsieur le juge ne comprend pas ce que je lui dis"

"**misyé mè-a, wou ou sé an volè**" : "vous, le maire, vous êtes un voleur".

"**manzè manman'w la**" : "mademoiselle ta mère"
"**misyé papa'w la**" : "monsieur ton père"
"**manzè sè'w la**" : "mademoiselle ta soeur".

On aura :

"**misyé prézidan**" : "monsieur le président" ou

"**misyé jérè**" : "monsieur le géreur" (sans article).

Sinon, les titres habituels sont :

"**misyé li jij**" : "monsieur le juge"
"**misyé li tjiré**" ou
"**misyé l'tjiré**" : "monsieur le curé"
"**misyé li mè**" : "monsieur le maire"
"**misyé labé**" : "monsieur l'abbé".

Dans la familiarité on peut avoir , dans le cas d'une adresse :

"**sé mésyé-a**" : "messieurs"
"**sé madanm-lan**" : "mesdames"
"**sé manzèl-la**" : "mesdemoiselles"
(les trois avec article pluriel).

On aura fréquemment "**machè**" , "**monchè**" ou "**chè**" avec le sens de "mon cher" ou "ma chère".

On entendra aussi "**léfrè**", "**lékouz**" ou "**lézonm**" avec le sens de "mon vieux", "l'ami".

À côté de "**manzè**" ("mademoiselle"), on a "**an manmzèl**", qui signifie "une demoiselle".

Ainsi, la phrase :
"**Éliza manmzèl toujou**" signifiera :
"Éliza n'est pas encore mariée" ou bien " elle est toujours vierge".

La formule habituelle pour "mesdames et messieurs" est :
"**mésyédanm**" ou "**mésyézédanm**".

Quand on parle d'une famille, on peut utiliser le patronyme précédé de "**lé**" : "**lé Amazon**".

Mais, dans le dialogue avec un seul membre masculin de cette famille, on pourra entendre :

"sa ou fè , Lamaz ?" (avec une transformation du patronyme).

Il faut noter les appellations suivantes:

"ami Roro", en rapport avec **"an zanmi"** : "un ami"
"mèt Félis", en rapport avec "maître" (respect et familiarité)
"pè Nèstò", en rapport avec "le père" (familiarité)
"sè Éliza", en rapport avec **"an masè"** : "une bonne soeur"
"tant Jili", en rapport avec **"an matant"** : "une tante"
"tonton Riko", en rapport avec **"an monnonk"** : "un oncle".

Noms de pays :

an Frans	**la Frans**	**fransé**
an Suèd	**la Suèd**	**suédwa**
ann Anglitè	**Langlitè**	**anglé**
ann Almay	**Lalmay**	**alman**
ann Itali	**Litali**	**italyen**
ann Espay	**Lespay**	**panyòl**
ann Amérik	**Lanmérik**	**méritjen**
o Kanada	**Kanada**	**kanadyen**
o Vénézuéla	**Vénézuéla**	**vénézuélyen (vènzwèl)**
o Zétazini	**Lézétazini**	

"yo voyé an bonm anlè la Frans" : "on a envoyé une bombe sur la France"
"yo Tjiba" : "ils (elles) sont à Cuba"
"yo ka alé Tjiba" : "ils (elles) vont à Cuba"

"yo rivé douvan Matnik" : "ils (elles) sont arrivé(e)s devant la Martinique"
"yo ka sòti an Frans" : "ils (elles) viennent de France"

"**yo o Zétazini**" : "ils (elles) sont aux États-Unis"

"**sé asou Lézétazini wobatiman-an ka maché**" : "c'est vers les États-Unis que le paquebot se dirige" .

Leçon 28

L'adjectif

Les adjectifs, en créole sont la plupart du temps la réduction d'une proposition relative. Il faut distinguer :

les primaires, épithètes qui accompagnent souvent des verbes substantivés ,

les dérivés, qui sont qualificatifs, et ceux qui sont des syntagmes substantivés, c'est-à-dire des membres de phrase devenus adjectifs.

1°/ Les primaires

"vyé" : "vieux" **"gwo"** : "gros"
"gran" : "grand" **"ti"** : "petit"
"bèl" : "beau" **"sèl"** : "seul"
"bon" : "bon" **"vidjò"** : "fort"
"obidjoul" : "convenable" , etc.

On aura aussi : **"bèl ti"**, **"bon ti"**, **"sèl ti"**, **"vyé ti"**, **"an bèl jé"**, **"bon kalté"** :

"sé pa ti palé i palé" : "il (elle) n'a pas parlé qu'un peu"
"i manjé an manjé vidjò" : "il (elle) a mangé substantiellement"
"i manjé an manjé obidjoul": "il (elle) a mangé convenablement"
"i dòmi an gwo dòmi" : "il (elle) a dormi énormément"
"i lévé an sèl lévé" : "il (elle) s'est levé(e) d'un seul coup"
"bèl gwo bèf-la chapé" : "le beau et gros boeuf s'est échappé"
"bèl fanm-la ka ganmen" : "la belle femme fait la fière".

2°/ Les dérivés

Ceux-ci ont parfois un suffixe qui, renvoyant au trait sémantique "femelle", peut s'appliquer à des personnes du sexe féminin. Mais ce féminin n'existe pas en tant que genre grammatical, en créole :

"**dyèzè / dyèzèz**" : "élégant"
"**dousinè / dousinèz**" : "sybarite"
"**wontè / wontèz**" : "honteux"
"**ganmè / ganmèz**" : "élégant"
"**kankannyè / kankannyèz**" : "cancannier
"**wonmyè / wonmyèz**" : "qui boit beaucoup"
"**krabik**" : "compliqué"
"**sousè**" : "flatteur"
"**blip**" : "mal dégrossi" .

"**Pyè, sé an boug blip**" : "Pierre, c'est un type mal dégrossi"

"**fanm ganmé a pasé bò mwen**" : "la femme élégante est passée à côté de moi".

3°/ Les syntagmes nominalisés

"**vanmennen**" ou
"**vanvini**" : "étranger"
"**an chyen**" : "misérable"
"**malzorèy**" : "minable"
"**anbafèy**" : "sournois"
"**enmen dòmi**" : "dormeur", etc...

Les adjectifs peuvent être placés devant ou derrière le nom.
Ainsi, sont placés devant :

"**bidim**"
"**gwobidim**"
"**granbidim**"
"**manman**"
"**papa**", qui sont des intensifs,

"ti",
"ti monyonyon", qui sont des diminutifs,

"mal", qui est un mélioratif,

"ti"
"pòv"
"pòv ti"
"vyé", qui sont des péjoratifs.

"yo ké konstui an gwobidim prizinik isi-a" : "ils vont construire un énorme prisunic ici"
"an ti monyonyon pen" : "un tout petit bout de pain"
"sé an mal boug" : "c'est un sacré type"
"an mal fanm" : "une sacrée bonne femme"
"an manman wòch" : "un gros caillou".

"gran" peut être placé devant ou derrière :

"an gran landjal" : "un grand escogriffe"
"an boug gran kon an gòlèt" : "un type grand comme une perche"
"i fè an kay pa gran" : "il a fait une maison qui n'est pas grande".

Sont placés derrière :

"blé" ("bleu"), **"wouj"** ("rouge"), **"vidjò"** ("costaud"), **"vayan"** ("courageux"), **"pyétè"** ("avare"), **"piti"** ("petit"), etc...

"an lanmè blé" : "une mer bleue"
"an boug pyétè" : "un type avare"
"an boug vayan" : "un type courageux"
"kribich-la piti" : "l'écrevisse est petite".

N.B. • **"fanm kouyon an "** : "la femme idiote", mais
"fanm kouyon-an" : "la femme de l'idiot.

• "**man kontan**" peut signifier "je suis content(e)", mais surtout "j'aime"("je suis amoureux(se)").Ils'agit d'un verbe adjectival.

• "**lé pli vayan pou endé lé pli fèb**" : "les plus courageux doivent aider les plus faibles" (emploi de "**lé**" pour le pluriel).

• "**man simyé frèt-la**" : "je préfère celui (celle) qui est froid(e)",
"**man lé sé gwo-a**" : "je veux les gros(ses)" (dans les deux cas, il s'agit d'un adjectif substantivé).

• "**nwè ja ka fèt**" : "il fait déjà noir" (il s'agit d'une substantivation sans article).

• "**an moun voyé**" : "un type ensorcelé" (l'adjectif est un participe).

Leçon 29

Le comparatif

1°/ Comparatif de supériorité ("plus. ... que")

"plis ... ki", "pli ... ki"
(créole périphérique, courant, contemporain)

"pasé"
(créole spécifique, basilectal, rural, recherché) .

"vyékò-a pli vayan ki nou" : "le vieillard est plus courageux que nous"

"Féfé vayan plis ki nou" : "Féfé est plus courageux que nous"
"Pyè mègzo pasé Féfé" : "Pierre est plus maigre que Féfé"
"Pyè pli mègzo ki Féfé" : "Pierre est plus maigre que Féfé".

"Pyè pli sòt ki Wòbè" : "Pierre est plus bête que Robert"
"pli sòt ki mové" : "plus bête que méchant"
"pli sòt ki Wòbè mové" : "plus bête que Robert n'est mauvais" (**"pasé"** impossible).

"pli sòt ki Wòbè" ou **"sòt plis ki Wòbè"** : "plus bête que Robert".

"Féfé dyézè pasé Pyè" : "Féfé est plus élégant que Pierre"
"i sòt pasé Pyè mové" : "il (elle) est plus bête que Pierre n'est méchant"

"**Féfé sòt pasé i mov="** : "Féfé est plus bête que méchant".

• "**Féfé sòt pasé sòt fèt**" : "Féfé est extrêmement bête"
• "**i bosal pasé ayen**" : "il (elle) est plus que sauvage".

2°/ Comparatif d'égalité
("aussi ... que" - "autant ... autant")

"**osi ... ki**", "**otan ... otan**"

"**Féfé osi gwo ki Pyè piti**" : "Féfé est aussi gros que Pierre est petit"
"**osi gran ki gwo**" : "aussi grand(e) que gros(se)"
"**otan Pyè kouyon, otan Pòl visyé**" : "autant Pierre est bête, autant Paul est vicieux".

3°/ Comparatif d'infériorité
("moins ... que")

"**mwen ... ki**", "**mwens ... ki**"

"**Féfé mwen gran ki Pyè**" : "Féfé est moins grand que Pierre"
"**mwen gran ki Pyè gwo**" : "moins grand(e) que Pierre n'est gros"
"**mwen gran ki gwo**" : "moins grand(e) que gros(se)".

N.B.

On peut toujours ajouter "**titak**" ou "**tibren**" ("un peu") devant :

"**titak pli gran ki mwen**" : "un peu plus grand(e) que moi"
"**titak gran pasé mwen**" : (id.).

On peut aussi ajouter "**anlo**" ou "**anpil**" ("beaucoup") derrière :

"**i gran pasé Pyè anpil**" : "il (elle) est beaucoup plus grand(e) que Pierre".

On peut ajouter "**lontan**" ("beaucoup") devant ou derrière :
"**pli vayan ki yo lontan**" :"beaucoup plus courageux(se)(s) qu'eux (elles) "
"**vayan pasé yo lontan**" : (id.)

• on emploie "**pli**" ou "**mwen**" devant les adjectifs.

"plus ... plus" - "plus ... moins" - "moins ... moins"

"**pli ou ké dòmi, pli ou ké anvi dòmi**" :
"plus tu dormiras, plus tu auras envie de dormir"

"**pli ou ka palé ba'y, mwens i ka kouté'w**" :
"plus tu lui parles, moins il t'écoute"

"**pli ou ké travay, sé pli ou ké ni lajan**" :
"plus tu travailleras, plus tu auras de l'argent"
(il faut noter le rajout de "**sé**")

"**mwens ou ni lajan, sé mwens yo ka prété'w**" :
"moins tu as de l'argent, moins on t'en prête"

"**pli ou ké ni lajan, é sé pli ou ké ni dézagréman**" :
"plus tu auras de l'argent, plus tu auras des ennuis"
(rajout de "**sé**").

"**nou ni plis ki'w**" : "nous en avons plus que toi".

"**man pli kontan Éliza ki'w**" : "je suis plus amoureux d'Éliza que toi" "**man kontan Éliza pasé'w**" : "je suis plus amoureux d'Éliza que toi" (mais on risque, dans l'emploi de la forme "**pasé**" , de donner le sens de "plus amoureux d'Éliza que de toi").

"**man enmen Éliza plis ki'w**" : "j'aime Éliza plus que tu ne l'aimes"
"**man enmen Éliza pasé'w**" : "j'aime Éliza plus que je ne t'aime"
(ici, avec l'emploi de la forme "**pasé**", on risque d'exprimer la même chose que dans la phrase précédente).

"**man pa sav pasé'w**" : "je ne sais pas plus que toi"
"**Pyè pli gran ki Pòl té yé**" : "Pierre est plus grand que Paul ne l'était"
"**mwens ou ké otjipé di'y, pli i ké travay**" : "moins tu t'occuperas de lui, et plus il travaillera".

Leçon 30

Le superlatif

1°/ *Le superlatif relatif*
("le plus ..." - "le moins ...")

Il se forme avec " **pli**" et "**mwen**" :

"**boug mwen pyétè a**" : "le type le moins avare"
"**mwen pyétè a**" : "le moins avare".

Pluriel :

"**sé boug mwen pyétè a**" : "les types les moins avares"
(pluriel particulier)
"**sé mwen pyétè a**" : "les moins avares"
(particulier), mais
"**lé mwen pyétè**" : "les moins avares"
(pluriel général avec "**lé**").

N.B.

"**Pyè, sé boug pli séryé man konnèt**" : "Pierre, c'est le type le plus sérieux que je connaisse"
(subjonctif en français)

"**Pyè, sé boug pli séryé a man konnèt**" : "Pierre, c'est le type le plus sérieux que je connais"
(présence de l'article "**a**", et indicatif en français).

"**lé boug pli séryé man konnèt**" : "les types les plus sérieux que je connaisse"
(subjonctif en français, et emploi de l'article pluriel général "**lé**")

"**sé boug pli séryé a man konnèt**" : "les types les plus sérieux que je connais"
(indicatif en français, dû au pluriel particulier "**sé** ... **a**").

"**mwen gwo kabrit-la**" : "le cabri le moins gros"
"**sé mwen gwo kabrit-la**" : "les cabris les moins gros"
(pluriel particulier).

"**mwen gwo a**" : "le (la) moins gros(se) "
"**sé mwen gwo a** " : "les moins gros(ses)" (pluriel particulier)
"**lé mwen gwo**" : "les moins gros(ses)" (pluriel général).

"**mwen gwo boug-la**" ou
"**boug mwen gwo a**" : "l'homme le moins gros".

"**sé boug mwen gwo man konnèt**" : "c'est le type le moins gros que je connaisse"
(subjonctif en français)

"**sé boug mwen gwo a man konnèt**" : "c'est le type le moins gros que je connais"
(indicatif en français - présence de l'article "**a**").

"**sé pli swèf la**" : "ceux (celles) qui ont le plus soif"
"**sé pli bouzwen travay la**" : "ceux (celles) qui ont le plus besoin de travail".

"**Pyè , sé boug pli manjé man konnèt**" : "Pierre, c'est le type le plus vorace que je connaisse"
("vorace" rendu par "**manjé**", forme d'infinitif)

"**sé boug pli fè moun chyé ki ni**" : "c'est le type le plus emmerdant qui puisse exister"
("emmerdant" rendu par "**fè moun chyé**", verbe + complément)

"sé moun pli pa ka konprann man ja wè" : "c'est le type le plus lent à comprendre que j'aie jamais vu"

("lent à comprendre" rendu par **"pa ka konprann"**, forme verbale négative).

2°/ *Le superlatif absolu* ("très")

"nou wè an bèl bèl fanm jòdi-a" : "nous avons vu une très belle femme aujourd'hui".

Le degré supérieur d'une qualité peut donc s'exprimer par le redoublement de l'adjectif, et on peut aussi rajouter **"menm"**.

On aura :

"bèl bèl" : "très belle" ou "très beau"
"bèl menm" : "très très belle" (id.)
"bèl bèl menm" : "vraiment belle" (id.)
"bèl menm menm" : "vraiment très belle" (id.)
"bèl bèl menm menm" : "vraiment très très belle". (id.)

On pourra aussi se servir de tout ce qui peut traduire "très".

Ainsi :
"anlo", **"anchay"**, **"anpil"**, **"toubannman"**, **"épisétout"** :

"i bèl épisétout" : "il (elle) est beau (belle). Je n'en dis pas davantage"
"i sòt toubannman" : "il (elle) est très bête"
"Pyè visyé anlo" : "Pierre est très vicieux".

On peut aussi se servir de "**tou**" :

"**i tou kagou**" : "il (elle) est tout(e) malade"
(attention, car "**i kagou tou**" signifie : "il (elle) est malade aussi")
"**i tou kagou tou**" : "il (elle) est tout(e) malade aussi"
"**i kagou toubannman tou**" : 'il (elle) est également très malade".

NB.
Le superlatif absolu peut aussi être rendu au moyen d'adjectifs comme "**bon**", "**bèl**", "**gwo**", "**ti**" :

"**i malad gwo (bon) malad**" : "il (elle) est très malade"
"**syo-a plen bon dlo**" : "le seau est très rempli"
"**sé pa ti blan rad-la blan**" : "le vêtement est très blanc"
"**Pyè bèl an bèl bèl**" : "Pierre est très beau"
"**Pyè bèl an bèl jé bèl**" : (id.)

Leçon 31

Quantification-Numération

Il s'agit de tout ce qui peut introduire un nom, ou le remplacer (en dehors des articles et des pronoms personnels), avec une indication de quantité.

On trouve là deux catégories principales :

les adverbes et adjectifs de quantité

et

les numéraux (cardinaux et ordinaux).

1°/ *Adverbes et adjectifs de quantité*

•**"tout"**
("tout, tous, toute, toutes")

"tout moun" : "tout le monde"
(en général)
"tout moun-la" : "tout le monde, ici"
(groupe restreint).

"tout sé moun-la" : "tous les gens"
"tout kay sé kay" : "toutes les maisons sont des maisons"
"tout kay-la brilé": "toute la maison a brûlé".

"tout an lizin" : "toute une usine"
(totalité)
"tout lizin" : "toutes les usines"
(générique).

"tout lizin-lan" : "l'usine tout entière"(ici, adverbe de quantité)
"lizin antyè" : (id.)
(créole mésolectal, francisé).

"**tout volè pou touvé mèt li (mèt yo) an jou**" : "tout voleur trouvera son maître un jour"
(reprise par le singulier ou le pluriel).

•"**chak**" ("chaque")

"**chak moun-la ka palé**" : "chaque personne parle"
"**chak moun palé**" : "chacun a parlé"

"**chak bètafé ka kléré pou nanm yo**" : "chaque luciole éclaire pour son âme"
(noter la reprise par le pluriel "**yo**")

"**chak sé fanm-lan**" : "chacune de ces femmes".

•"**tjèk**" ("quelque")

"**pétèt ni tjèk moun**" : "peut-être y a-t-il quelqu'un"
"**ni tjèk sé moun-la**" : "il y a quelques-unes de ces personnes".

•"**yonndé**" - "**dotwa**" - "**an bon dotwa**" ("quelques")

"**yonndé zélèv ja rivé**" : "quelques élèves sont déjà arrivés"
"**nou ja dépann (an bon) dotwa mango**" : "nous avons fait tomber quelques mangots".

•"**an bon enpé**" - "**an bon tibren**" ("beaucoup")

"**i manjé an bon enpé zoranj**" : "il (elle) a mangé beaucoup d'oranges".

N.B. "**yonn, dé, twa adan sé moun-lan**" : "un, deux, trois de ces gens-là".

• **"anpil" - "anlo" - "an patjé"** ("un grand nombre")

"anlo boug pri adan zatrap-la" : "un grand nombre de gens est pris dans le piège"
"an patjé sé zé-a rivé tou krazé" : "un grand nombre des oeufs sont arrivés cassés".

• **"òt", "lòt", dòt", "zòt", "lézòt"** ("autre, autres")

"pran lòt madjoumbé-a" : "prends l'autre fourche"
"dépi yè, i ni an lòt loto" : "depuis hier, il (elle) a une autre voiture"
"nou pa ni tan li dòt liv" : "nous n'avons pas le temps de lire d'autres livres"
"nou anvi bwè dòt dlo" : "nous avons envie de boire une autre eau"
(partitif)
"sé zòt boug-la pòkò rivé" : "les autre types ne sont pas encore arrivés"
"nou jwenn an òt zanmi" : "nous avons rencontré un autre ami"
"twa, kat, senk zòt liv" : "trois, quatre, cinq autres livres"
"lézòt" : "les autres"
(général indéfini)
"sé lézòt-la" : "les autres"
(particulier)
"pa an mo pasé lòt" : "pas un mot plus haut que l'autre".

• **"menm"** ("même")

"an menm chimen" : "un même chemin"
(indéfini singulier)
"nou adan menm lékòl-la" : "nous sommes dans la même école" (défini singulier)
"yo ni menm papa, mé pa menm manman" :
"ils (elles) ont le même père, mais pas la même mère"
(sans article)
"yo palé épi sé menm-moun-la" : "ils (elles) ont parlé avec les mêmes gens"
(défini pluriel)

"**yo ka vann menm loto**" : "ils (elles) vendent les mêmes voitures" (indéfini pluriel).

•**kalté**" ("espèce")

"**nou pa enmen kalté moun-tala**" : " nous n'aimons pas les gens de cet acabit"
"**i ni yan kalté loto** !" : "il (elle) a une de ces voitures !"
"**manzèl ni dé kalté mès** !" : "elle a de ces sortes de moeurs !".

Leçon 32

Quantification-Numération

(suite)

2°/ *Les numéraux*

A/ Cardinaux

"yann, dé, twa, kat, senk, sis sèt, uit, nèf, dis, wonz, douz, trèz, katòz, tjenz, sèz, disèt, disuit, diznèf, ven, ventéyen, venndé ... trant, karant, senkant, swasant, swasanndis, katrèven, katrèvendis, san ...
désan, twasan, katsan, sensan, sisan, sètsan, uisan, nèfsan, mil".

"ni dé lanné nou la" : "ça fait deux ans que nous sommes là"

"dé lanné-a ja pasé" : "les deux années sont déjà passées"
(vision synthétique - "n'importe lesquelles")

"sé dé lanné-a ja pasé" : "les deux années sont déjà passées"
(vision analytique - "celles-ci en particulier").

"ventan" ou
"ven lanné" : "vingt ans".

"**wou sé an zéwo douvan chif**" : "tu es un zéro, tu n'es rien".

"**sé pa dé (kat) mò moun mò**" : "beaucoup de gens sont morts"
"**sé pa kat dòmi Pyè dòmi**" : "Pierre a vraiment beaucoup dormi"
(dans les deux phrases précédentes, les cardinaux servent à l'expression de l'intensivité).

"**ni dé mè**" : "il y a deux maires"
"**misyé té ni dé kalité loto**" : "il (elle) avait deux sortes de voitures"
"**ni yann ki...**" : "il y en a un(e) qui.."
(ici, il s'agit d'un pronom).

"**annè di tan**" : "une heure de temps" (durée)
"**inè**" : "une heure" (13 heures)
"**an lè ké rivé...**" : "une heure viendra ...".

B/Ordinaux

"**prèmyé (ponmyé) , dézyèm, twazyèm, katriyèm, sentjèm, sizyèm, sètyèm, uityèm, nèvyèm, dizyèm, etc...**" :

"**prèmyé moun ki rivé, mennen'y ban mwen**" : "la première personne qui arrivera, amenez-la moi"
*(sans article)

"**prèmyé lanné-a, yo pa fè ayen**" : "la première année, ils (elles) n'ont rien fait"
*(avec article défini).

"**sé prèmyé yich-la ja mayé**" : "les premiers enfants sont déjà mariés"
"**an dézyèm fi**" : "une deuxième fille"
"**Éliz pran an prèmyé so**" : "Élise a fait une première chute".

"Pyè trapé an dézyèm kou" : "Pierre a reçu un deuxième coup"
"Pyè kouri an dènyé fwa" : "Pierre a couru une dernière fois"

(dans les deux phrases précédentes, il y a un article indéfini + un ordinal).

"Pyè kouri sé dé dènyé fwa-tala" : "Pierre a couru ces deux dernières fois"
"Pyè kouri sé dé prèmyé fwa-a" : " Pierre a couru les deux premières fois"

(dans les deux phrases précédentes, il y a un cardinal + un article ou un démonstratif + un ordinal).

"sé pa sèl malad Pyè ja malad" : "ce n'est pas la première fois que Pierre est malade"

(remplacement par **"sèl"**).

N.B.

- **"lo"** est aussi quantificateur
(allomorphe de **"anlo"**) :

"sé pa lo dòmi i ka dòmi ki ké rann li mwen las" : "ce n'est pas de tant dormir qui le (la) rendra moins fatigué(e)".

- **"tèlman"** :

"sé pa tèlman dòmi i dòmi" : "il (elle) n'a pas tant dormi que cela"
"sé pa tèlman pòv Pyè vini pòv" : "Pierre n'est pas devenu si pauvre que cela".

- **"an étsétéra"** - **"an boul"** :
Ces expressions ont aussi le sens de "beaucoup".

• **"ti bren"** - **"titak"** :

"Pyè ka dòmi tibren dòmi" : "Pierre a beaucoup dormi" (on a, ici, un cas rare d'antiphrase en créole, c'est-à-dire d'emploi de "un peu" pour "beaucoup").

Leçon 33

Tournures impersonnelles
Les équivalents de "on"

1°/ *Tournures impersonnelles*

L'action est exprimée sans sujet réel, ou le sujet ne peut être déterminé.

"koumansé ka fè cho" : "il commence à faire chaud"
"koumansé té ka fè solèy" : "il commençait à y avoir du soleil".

Avec les verbes **"mantjé"** et **"rété"** :

"mantjé Pòl dé zoranj" : " il manque à Paul deux oranges",
mais on peut dire :
"Pòl mantjé dé zoranj" : (même sens), ou
"i mantjé dé zoranj" : "il manque deux oranges"
(avec le sujet "i").

"pa rété mwen pa yann" : "il ne m'en reste pas un seul"
"pa rété kribich ankò" : "il ne reste plus d'écrevisses"
"ou rété pen, an ?" : "vous reste-t-il du pain ?".

Dans les phrases précédentes, le sujet n'est pas exprimé; il en va de même pour les phrases suivantes :

"sé bèl pou bèl" : "il convient qu'on soit beau"
(voir plus loin les différentes traductions de "on")

"sé pati pou pati avan i two ta" : "il convient de partir avant qu'il ne soit trop tard" "**sé (pou) pran douvan avan i two ta**" : "il convient de prendre les devants avant qu'il ne soit trop tard".

Expressions impersonnelles

"**i midi** " : "il est midi"
"**i nèvè**" : "il est neuf heures".

"**ni**" : "il y a"
"**té ni**" : "il y avait".

"**an sipozisyon, ou wè, pa sé ni pen**..." : "supposons qu'il n'y ait pas de pain...".

"**isi-a pa djè bèl**" : "ici, ce n'est pas très joli"
(substantivation de l'adverbe de lieu)

"**la pa djè lwen**" : "là-bas, ce n'est pas très loin"
(autre cas de substantivation).

"**(sé) zafè kò'w** !" : "c'est ton problème !"
"**(sé) zavè tjou'w** !" : "tant pis pour ton cul !"
(les deux expressions précédentes s'emploient surtout sans le présentatif "**sé**").

"**défann fimen**" : "défense de fumer".

2°/ *Équivalents de l'indéfini* "on"

On se sert soit de la
deuxième personne du singulier "**ou**",
soit de la
troisième personne du pluriel "**yo**".

•Deuxième personne du singulier "**ou**"

"**lè ou dwé an moun épi ou pa ni lajan, sa rèd**" : "quand on a une dette, et qu'on n'a pas d'argent, c'est dur"

"**ou pa té ké jen di i las**" : "on n'aurait jamais dit qu'il (elle) était fatigué(e)"

"**pli ou ka travay, sé pli ou ké ni lajan**" : "plus on travaille, plus on a de l'argent"

"**lè ou météé pyé'w adan an nich fronmi, ou pa sav kilès ki mòdé'w**" : "quand on a mis le pied dans un nid de fourmis, on ne sait pas laquelle vous a mordu"

"**wonm-tala ka bwè san ou swèf**" : "ce rhum se boit sans qu'on ait soif".

•Troisième personne du pluriel "**yo**"

"**yo sé di**" : "on dirait"
"**yo sé ba'y ventan**" : "on lui aurait donné vingt ans"
"**yo balyé lakou-a**" : "on a balayé la cour".

"**yo ja prété moun kay-la**" : "on a déjà prêté la maison à des gens"
"**an lajan yo bay**" : "de l'argent qu'on a donné"
"**yo fè anlo bwi anlè sa**" : "on a fait beaucoup de bruit autour de ça".

Leçon 34

Les équivalents de "en" et "y"

1°/ "En"

Il s'agit d'un pronom adverbial qui représente une chose, un énoncé et quelquefois une personne. Il est parfois traduit par un pronom personnel ou un pronom démonstratif :

"i plen kay li épi yo" : "il (elle) **en** a rempli sa maison"
"man sav ki non'y" : "j'en connais le nom"
(emploi d'un pronom personnel, **"yo"** ou **"y"**).

"sa ou lé fè épi sa ?" : "que veux-tu **en** faire ?"
"man dakò épi sa" : "j'en conviens"
"i palé mwen di sa" : "il (elle) m'en a parlé"
(emploi du pronom démonstratif **"sa"**).

Mais, en règle générale, "en" n'est pas traduit :

"kon i enmen vyann, man pòté" : "comme il (elle) aime la viande, j'en ai apporté".

"man ké ba'w" : "je t'**en** donnerai" (il s'agit, ici, du partitif, donc le pronom prend normalement la forme zéro)
"ba mwen dé" : "donne-m'**en** deux"
"i fè an piti" : "il (elle) **en** a fait un petit"
"i fè yann" : "il (elle) **en** a fait un"
"i pran an bèl" : "il (elle) **en** a pris un beau"
"pou i rivé la" : "pour **en** arriver là".

" lajan, man prété'y" : "de largent, je lui en ai prêté"
"man fouté'y" : "je lui en ai foutu"
"Pyè rann li" : "Pierre lui en a rendu"

"**ès ou mandé dlo ? wi, man mandé**" : "as-tu demandé de l'eau ? oui, j'**en** ai demandé".

"**nou trapé**" : "nous **en** avons attrapé"
"**nou trapé an blé**" : "nous **en** avons attrapé une bleue"
"**man ké pòté ba'w**" : "je t'**en** porterai"
"**siyanka pa sé ni dòt**" : "s'il n'y **en** avait pas d'autre"
"**zòt pa ni twòp**" : "vous n'**en** avez pas trop".

"**man pa wè pyès**" : "je n'**en** ai vu aucun"
"**i pòté zoranj, mé nou pa achté**" : "il a apporté des oranges, mais nous n'**en** avons pas acheté"

(mais on aura :

"**nou pa achté yo**" : "nous ne les avons pas achetées" (les oranges)
avec traduction par le pronom personnel "**yo**").

"**i trapé dòt**" : "il **en** a attrapé d'autres"
"**i pòté pen, nou achté**" : "il a apporté du pain, nous **en** avons acheté"

(mais on aura :

"**nou achté'y**" : "nous l'avons acheté" (le pain)
avec traduction par le pronom personnel "**y**").

"**i pòté zannanna, i ban mwen**" : "il (elle) a apporté des ananas, il (elle) m'**en** a donné"
"**man pran anlo**" : "j'**en** ai pris beaucoup"
"**maché anba gwo solèy-la, ou ké ban mwen nouvèl**" : "marcher en plein soleil, tu m'**en** donneras des nouvelles".

On trouve aussi quelques expressions toutes faites où le problème ne se pose pas :

"**kouyon kon pa ni**" : "bête comme il n'y **en** a pas"
("**ni**" signifie "il y a" , et
"**pa ni**" : "il n'y **en** a pas").

"**man boufi**" : "j'**en** ai assez"
"**man élijé**" : "je n'**en** peux plus"
"**pa menm palé** !" : "n'**en** parlons pas !"
"**man anvi**" : "j'**en** ai envie".

("**kité Pyè fè fòjwon fòjwon'y**" : "laisse Pierre faire le forgeron autant qu'il **en** a envie".

2°/ "y"

De la même façon, "y" n'est en général pas traduit :

"**ès ou ka alé lékòl ? Wi, man ka alé**" : "vas-tu à l'école ? oui, j'y vais".

On peut cependant trouver , comme traduction, la préposition "**adan**" (avec ou sans pronom personnel) :

"**nou ka alé adan'y**" : "nous y allons"
"**zòt pa adan**" : "vous n'y êtes pas",

ou l'adverbe de lieu "**la**":

"**wi, man ja alé la**" : "oui, j'y suis déjà allé".

N.B.
Avec "**ni**" signifiant "il y a" :

"**ni ki pa lé pati**" : "il y **en** a qui ne veulent pas partir",
"**ni yann ki pa lé pati**" signifiera "il y en a un qui ne veut pas partir"
"**ni bèl, jenn, vyé**" : "il y en a de beaux, de jeunes, de vieux",

(le partitif français "en" est généré par le pronom zéro du créole).

Leçon 35

"devenir"-"sembler-ressembler"

"se mettre à"

(traductions diverses)

1°/ "Devenir"

Le verbe français "devenir" (ou "redevenir") connaît, en créole, un certain nombre de traductions :

"rivé"	: "arriver"	**"lévé"**	: "se lever"
"vini"	: "venir"	**"tonbé"**	: "tomber"
"tounen"	: "tourner"	**"ritounen"**	: "retourner"
"viré"	: "revenir"	**"déviré"**	: "revenir"
"viré tounen"	: "retourner"	**"pasé"**	: "passer"
"monté / désann"	: "monter / descendre"		
"ridésann"	: "redescendre"	**"antré"**	: "entrer"
"glisé"	: "glisser"	**"mété kò"**	: "se mettre"
"fè"	: "faire"		

"i rivé dòktè" : "il (elle) est devenu(e) médecin" ("il (elle) est arrivé(e) à être")
"i ka lévé anrajé lè i ka wè an bagay kon sa" : "il (elle) devient enragé(e) quand il (elle) voit un truc comme ça".

"i vini flègèdè" : "il (elle) est devenu(e) chétif(ve)"
"i vini pa ka palé ankò" : "il (elle) est devenu(e) muet(te)"
"i tonbé gad kaka" : "il est devenu simple gardien".

"ou ké tounen kouyon épi boug-tala" : "tu deviendras idiot(e) avec ce type-là"
"nou anvi ritounen tigason" : "nous avons envie de redevenir petits garçons".

"i lé viré piti" : "il (elle) veut redevenir petit(e)"
"nou lé déviré timanmay" : "nous voulons redevenir enfants"
"Pyè lé viré tounen ti gason" : "Pierre veut redevenir petit garçon".
"sé nèg-tala anvi tounen blan" : "ces nègres-là ont envie de devenir blancs"
"tout makak i tounen makakla..." : "tout macaque qu'il (elle) est devenu(e)..."
"i pòkò ni laj pou pasé chèf" : "il (elle) n'a pas encore l'âge pour devenir chef".

"i ka travay pou i pé sa monté enspèktè" : "il (elle) travaille pour devenir inspecteur"
"i ridésann gad kaka" : "il est redevenu simple gardien"
"sa ou lé ? ou lé antré chomè ?" : "que veux-tu ? tu veux devenir chômeur ?".

"dépi dé mwa, Pyè glisé chèf" : "depuis deux mois, Pierre est devenu chef"
"kimannyè i mété kò'y ?" : "qu'est-il (elle) devenu(e) ?"
"si ou sé fè solda" : "si tu devenais soldat"
"sa ki mété'y kanyan kon sa ?" : "comment est-il (elle) devenu(e) si apathique ?".

2/ "Sembler / Ressembler"

Le verbe créole **"sanm"** a les deux sens de "sembler" et "ressembler" :

"sa ka sanm ou las" ou
"ou ka sanm sa ki las" : "tu sembles fatigué(e) "
"sa ka sanm i pé ké vini" : "il semble qu'il (elle) ne viendra pas".

"Pyè ka sanm sa ki vidjò" ou
"Pyè ka sanm i vidjò" : "Pierre semble vigoureux".

(On peut aussi avoir le verbe "**parèt**" :
"**Pyè ka parèt i vidjò**" : "Pierre semble vigoureux"
"**Pyè ka parèt sa ki las**" : "Pierre semble fatigué").

"**i ka sanm li** " : "il (elle) lui ressemble"
"**yo ka sanm kon dé gout dlo**" : "ils (elles) se ressemblent comme deux gouttes d'eau"
"**i ka sanm papa'y**" : "il (elle) ressemble à son père".

3°/ "se mettre à"

Cette expression est rendue par les verbes :

"**pran**" (avec parfois une inversion)
"**mété**" (accompagné de "**atè**")
"**lévé**"
"**rété**" :

"**i pran kouri**" : "il (elle) s'est mis(e) à courir"
"**i mété kouri atè**" : (id.)
"**i mété pléré atè**" : "il (elle) s'est mis(e) à pleurer".

"**pléré pran'y**" (inversion) : "il (elle) s'est mis(e) à pleurer"
"**i mété fransé atè**" : "il (elle) s'est mis(e) à parler français"
"**i mété kò'y ka bwè**" : "il (elle) s'est mis(e) à boire".

"**i lévé faché lè i tann sa**" : "il (elle) s'est mis(e) en colère quand il (elle) a entendu ça"
"**Pyè rété i pa ka di mwen bonjou ankò**" : "Pierre s'est mis à ne plus me dire bonjour".

Leçon 36

"Tout"
("toute", "tous", "toutes")

Le mot français "tout" (adjectif, pronom, adverbe et nom) est rendu en créole par **"tout"** et **"tou"**.

À première vue, on pourrait considérer que **"tou"** sert pour l'énumération :

"tou lé swè" : "tous les soirs"
"tou lé jou" : "tous les jours",

et **"tout"** pour la totalité :

"tout lajounen-an" : "toute la journée".

"tou" a cependant un rôle adverbial dans les expressions :

"tou kagou" : "tout(e) malade"
"tou boulé" : "tout(e) saoûl(e)"
"tou piti" : "tout(e) petit(e)"
"tou abiyé" : "tout(e) habillé(e)"
"tou las" : "tout(e) fatigué(e)".

"tout" peut avoir les deux emplois (énumération et totalité) :

"tout moun" : "tout le monde" (en général)
"tout moun-la" : "tout le monde, ici" (groupe restreint)
"tout kay-la brilé" : "toute la maison a brûlé" (totalité)

"tout sé moun-la" : "tous les gens" (en particulier)
"tout an lizin" : "toute une usine" (totalité).

"tout lizin pran difé" : "toutes les usines ont brûlé" (sens général)
"tout lizin-la" : "toute l'usine" (totalité)
"tout lékòl" : "toute (n'importe quelle) école"
ou "toutes les écoles"
"tout lékòl-la" : "toute l'école" (totalité).

"tout sé chèf léta a té vini" : "tous les chefs d'état étaient venus"
"tout léta" : "tout (n'importe quel) état" ou "tous les états".

"Zanba, sé wa tout kouyon" : "Zamba, c'est le roi de tous les idiots"
"man opozé tout sé bagay-la" : "je suis contre tous ces trucs-là".

"i pran tout kannik" : "il (elle) a pris toute bille" (en général)
"tout sé kannik-la" : "toutes les billes" (en particulier)
"i pran tout" : "il (elle) a tout pris"
("toute bille" ou "toutes les billes")
"i pran yo tout" : "il (elle) les a toutes prises".

N.B. **"tout tan"** : "tant que", "autant que" :

"kouri tout tan ou pé..." : "cours autant que tu voudras..."
"tou sa" : "tout ce qui (que),
"tous (toutes) ceux (celles) qui (que)".

"**tout**" sert beaucoup pour l'expression de la concession dans les subordonnées :

"tout dòmi i ka dòmi a, i toujou las" : "quoiqu'il (elle) dorme beaucoup, il (elle) est toujours fatigué(e)"

"tout mò Féfé mò a, i ka fè moun pè" : "Féfé a beau être mort, il fait peur aux gens"
"tout chayé i chayé moun-la, yo pa ba'y lajan" : "bien qu'il (elle) ait transporté beaucoup de gens, on ne lui a pas donné d'argent".

"tout fè Pyè fè kay-la" : "Pierre a beau avoir fait des maisons"
"épi tout kay-la i fè a" : "malgré toutes les maisons qu'il (elle) a faites...".

"tout alé ou alé lékòl-la..." : "tu as beau être allé(e) à l'école..."
"tout lékòl-la ou alé a.." : "malgré toutes tes études..."
"tout lajan-an kay-la kouté a" : "malgré l'argent qu'a coûté la maison".

"tout lé i lé dòmi a", ou
"tout lé dòmi i lé dòmi a", ou
"tout dòmi i lé dòmi a" : "il (elle) a beau vouloir dormir".

"tout prété i prété mwen lajan-an..." ou
"tout lajan-an i prété mwen..." : "quoiqu'il (elle) m'ait prêté beaucoup d'argent..."
"tout di nou di'y ay dòmi..." : "quoique nous lui ayons dit d'aller dormir...".

"tout prélè Pyè prélè a..." : "tout élégant que soit Pierre..."
"tout plen syo-a plen a..." : "bien que le seau soit très plein..."
"tout malad i tonbé malad la..." : "il (elle) a beau être malade...".

"tout makak i tounen makak la.." : "tout macaque qu'il (elle) est devenu(e).."
"sé pa tout ki i tounen makak.." : "ce n'est pas tant qu'il (elle) soit devenu(e) macaque...".

"tout palé i ka palé fò a..." : "il (elle) a beau parler fort..."

"**tout wonm i bwè wonm-la**.." ou
"**tout bwè i bwè wonm-la**...": "malgré tout le rhum qu'il (elle) a bu..."
"**tout gran, ou wè, Pyè gran an**.." : "bien que Pierre soit grand...".

N.B.

"**toupandan**" - "**toukon**" :

"**toupandan Pyè té ka travay**..." : "pendant que Pierre travaillait..."

"**tou kon zòt ka wè Pòl la**...": "tel que vous voyez Paul... "

"**an jou oswè, i anni chapé**" : "un soir, il (elle) s'est échappé(e), tout simplement". ("**anni**" a le sens de "seulement").

Leçon 37

"que" (Les complétives)

Le français dispose de la conjonction "que" pour introduire un grand nombre de propositions complétives.

À l'inverse, le créole procède par parataxe, c'est-à-dire par juxtaposition, sans que rien ne vienne indiquer le rapport entre les propositions :

"**man lé ou pati**" : je veux **que** tu partes"
"**Pòl konprann i ké pran lèspri mwen**" : "Paul pense **qu**'il va me mystifier"
"**man dirèktris-la konprann i sé moun pasé tout moun**" : "madame la directrice s'imagine **qu**'elle est supérieure à tout le monde".

"**Pyè konprann nou sé dé tèbè**" : "Pierre s'imagine **que** nous sommes des imbéciles"
"**sé asou lé Zétazini gwobatiman-an ka maché**" : "c'est vers les États-Unis **que** se dirige le paquebot"
"**sé moun-lan di yo pa té sav**" : "les gens ont dit **qu**'ils ne savaient pas".

"**nou sav Pyè la**" : "nous savons **que** Pierre est là"
"**nou té lé Pyè té vini**" : "nous voulions **que** Pierre vînt".

"**nou ka ègzijé sé patwon-an péyé nou**" : "nous exigeons **que** les patrons nou payent"
"**ès ou kwé yo ké mandé'w sa ?**" : "penses-tu **qu**'ils (elles) te le demanderont ?".

"**Pyè di Pòl pati**" : "Pierre a dit **que** Paul est parti"
"**Pyè di Pòl ka pati**" : "Pierre a dit **que** Paul est en train de partir"
"**Pyè di Pòl ké pati**" : "Pierre a dit **que** Paul partira"
"**nou sav i pa vini**" : "nous savons **qu**'il (elle) n'est pas venu(e)".

On peut cependant rencontrer, en créole, un équivalent de "que" sous la forme "**ki**", en particulier pour le souhait ou l'ordre :

"**ki sé moun-la pa di apré yo pa té sav** !" : "**que** ces gens-la ne viennent pas dire après **qu**'ils ne savaient pas !"

"**ki mwen pa tann zòt ankò** !" : "**que** je ne vous entende plus !"
"**ki yo pa viré fè sa ankò** !" : "**qu**'ils (elles) ne le refassent plus !"
"**ki yo pa déviré** !" : "**qu**'ils (elles) ne reviennent pas !".

On peut également trouver "**ki ... ki**" dans l'expression de l'alternative :

"**ki ou lé , ki ou pa lé** !" : "**que** tu le veuilles ou pas !"
"**ki yo lé ki yo pa lé, nou ké genyen** !" : "**qu**'ils (elles) le veuillent ou non, nous gagnerons !"
"**ki yo pé ki yo pa pé, zafè kò yo** !" : "**qu**'ils (elles) le puissent ou pas, c'est leur affaire !".

On retrouve "**ki**" dans certains cas d'enchâssement :

"**sé ki ou pa lé konprann ayen**" : "c'est **que** tu ne veux rien comprendre"
"**sé ki i pa ni lajan**" : "c'est **qu**'il (elle) n'a pas d'argent"
"**ki yo pa ni lajan, nou sav sa**" : "**qu**'ils (elles) n'aient pas d'argent, nous le savons"
"**ki i ké vini, nou sav sa**" : "nous savons **qu**'il (elle) viendra".

On trouvera aussi "**a sè ki**" derrière le verbe "**tjenn**" :

"**nou ka tjenn a sè ki i mandé nou padon**" : "nous tenons à ce **qu**'il (elle) nous demande pardon".

On aura "**zafè**" qui prend le sens de "le fait que" :

"**zafè Pyè pa ka travay**..." : "le fait **que** Pierre ne travaille pas..."
"**sé zafè i kouyon ki fè si i pèd**" : "c'est parce qu'il (elle) est bête **qu**'il (elle) a perdu"
(ici, "**zafè**" est combiné avec "**ki fè**". Mais l'expression "**ki fè**", qui a le sens de "ce qui fait **que**", peut fonctionner indépendamment).

En effet, l'ensemble "**ki fè**" pourra aussi remplacer "que" :

"**sé pas nou pa rété lajan ki fè nou pati**" : "c'est parce que nous n'avions plus d'argent **que** nous sommes partis"

"**sé pou bèf-la pa té janbé bayè-a ki fè nou maré'y**" : "c'est pour que le boeuf ne saute pas la barrière **que** nous l'avons attaché"

"**sé konprann i pa ka konprann kréyòl ki fè i pa réponn ou**" : "c'est parce qu'il (elle) ne comprend pas le créole **qu**'il (elle) ne t'a pas répondu".

Dans l'expression de l'obligation avec "**fòk**", le "que" est inclus dans le mot :

"**fòk i té tèbè menm**..." : "il fallait **qu**'il (elle) fût bien sot(te)..."
"**fòk li té répété**..." : "il fallait **qu**'il (elle) répète..."
"**fòk ou vini épi mwen**" : "il faut **que** tu viennes avec moi".

N.B. On retrouve "**ki**" dans
"**sa ki fo**" ou
"**tou sa ki fo**" : "ce **qu**'il faut".

Leçon 38

"même"

Le mot français "même" a un triple rôle : il est adjectif, pronom et adverbe.
En créole, il est majoritairement rendu par "**menm**", et celui-ci possède d'autres usages que son équivalent français n'a pas.

1°/ *Adjectif et pronom*

"**an menm chimen**" : "un même chemin"
(indéfini singulier)
"**nou adan menm lékòl-la**" : "nous sommes dans la même école" (défini singulier).

"**yo ni menm papa menm manman**" : "ils (elles) ont le même père et la même mère"
(employé sans article)
"**sé menm moun-la**" : "les mêmes gens"
(défini pluriel)
"**yo ka vann menm loto**" : "ils (elles) vendent les mêmes voitures" (indéfini pluriel).

"**sé menm kannik-tala**" : "les mêmes billes"
"**i ka dòmi menm gwo dòmi bonmaten-an**" : "il (elle) dort du même sommeil profond ce matin".

"**mwen menm**"
"**wou menm**"
"**li menm**"
"**nou menm**"
"**zòt menm**"
"**yo menm**" : "moi-même", "toi-même", "lui-même, elle-même", etc...

"**Pyè lé li menm alé Fòdfrans**" : "Pierre veut que lui-même aille à Fort-de-France"
"**menm bèt, menm pwèl**" : "même bête, même poil" (bonnet blanc, blanc bonnet).

On peut aussi rencontrer la forme "**menm la**" qui se traduira par "quant à ..." avec les pronoms personnels :

"**wou menm la, sa ou ka fè la** ?" : "quant à toi, qu'est-ce que tu fais là ?"
"**mwen menm la, man pa sav**" : "quant à moi, je ne sais pas".

"**sé menm-la**" : "les mêmes" (pronom).

2°/ *Adverbe*

"**pa rété yo pa menm an grenn tjénèt**" : "il ne leur reste même pas un noyau de quénette"
(avec double négation)
"**Man Abdoniz pa té menm rivé**" : "Madame Abdonise n'était même pas arrivée"
"**i pa sa menm fè an dité**" : "elle (il) ne sait même pas préparer une infusion"
"**man pé pa achté pa menm an pen**" : "je ne peux même pas acheter un pain"
(double négation).

"**menm**" est aussi la marque du superlatif absolu, avec le sens de "très":

"**Pyè vidjò menm**" : "Pierre est très costaud"
"**bèl menm**", ou
"**bèl bèl menm**", ou
"**bèl bèl menm menm**" : "très très belle (beau)".

"**fòk i té tèbè menm pou i rivé fè an bagay kon sa**" : "il fallait qu'il (elle) fût bien sot(te) pour en arriver à commettre une telle bêtise".

"**menm**" peut être remplacé par "**jis**" (avec le sens de "y compris") :

"**yo jis konparé misyé épi an wa nèg**" : "on l'a même comparé à un roi nègre".

De la même façon, on peut se servir de "**ki**" :

"**Pyè ki Pyè pa ka menm gadé mwen**" : "même Pierre ne me regarde même pas"
"**mwen ki mwen**" : "même moi"
"**tala ki tala**" : "même celui-ci (celle-ci)"
"**an Frans ki an Frans...**" : "même en France...".

"**menm**" ou "**kanmenm**" ont aussi le sens de "même si" ou "bien que" :

"**kanmenm i sé ba mwen lajan, man pa sé viré byen épi'y**" : "même s'il (elle) me donnait de l'argent, je ne me réconcilierais pas avec lui (elle)"

"**kanmenm ou présé, ou pé pasé wè mwen, kanmenm** !" : "même si tu es pressé(e) , tu peux passer me voir, tout de même !"

"**kanmenm i sé vini, man pa sé risivrè'y**" : "même s'il (elle) venait, je ne le (la) recevrais pas".

Leçon 39

La réduplication

La réduplication est le redoublement d'un mot entier dans certains tours, processus de mise en relief destiné à porter un accent particulier sur un constituant de la phrase. Le fonctionnement de cette structure n'est pas systématique, et peut dans certains cas être bloqué. On se sert, pour opérer cette transformation, de mots qui sont

des adjectifs : **"bon", "gwo", "ti", "vyé", "bèl", "sèl",**
des adverbes : **"anlo", "lo", "titak/ tibren", "tèlman",**
des numéraux : **"dé, twa, kat",** ou
des groupes de mots : **"an bèl jé", "an bon kalté", "an bon tibren".**

1°/ "bon"

"Pyè ka dòmi bon dòmi" : "Pierre dort beaucoup"
"Pyè ka dòmi bon dòmi a" : (id.)
"Pyè ka dòmi an bon dòmi" : (id.).

"i mò bon mò" : "il (elle) est mort(e) pour de bon"
"i mò bon mò a" (id.).

"i ka chanté bon chanté" : "il (elle) chante ce qui s'appelle chanter"
"i ka chanté bon chanté a" : (id.).

"i ka chayé moun bon chayé" : "il (elle) transporte des gens en quantité"
"i ka chayé moun bon chayé a" : (id.).

"i alé dòmi bon alé" : "il (elle) est vraiment allé(e) dormir"
"i alé dòmi bon dòmi" : (id.).
"nou mandé'y lajan bon mandé" : "nous lui avons demandé de l'argent, ce qui s'appelle de l'argent"
"nou pwomèt li vini bon pwomèt" : "nous lui avons promis de venir pour de bon"
"i malad bon malad" : "il (elle) est malade pour de bon"
"i mako bon mako" : "il (elle) est vraiment un(e) espion(ne)"
"syo-a plen dlo bon plen" : "le seau est abondamment rempli"
"syo-a plen bon dlo" : (id.).

"té ni loto bon loto" : "il y avait vraiment beaucoup de voitures"
"i lévé faché bon faché" : "il (elle) a piqué une de ces colères".

2°/ **"gwo"**

"i ka dòmi gwo dòmi" : "il (elle) dort vraiment"
"i ka dòmi an gwo dòmi" : "il (elle) dort d'un sommeil profond".

"i ka chanté gwo chanté" : "il (elle) chante franchement, sans fausse honte"
"i malad gwo malad" : "il (elle) est très malade"
"Pyè ka fè létérésan gwo létérésan" : "Pierre fait sacrément l'intéressant"
"i tounen kouyon gwo kouyon" : "il (elle) est devenu(e) vraiment sot(te)"
"i lévé faché gwo faché" : "il (elle) s'est vraiment mis(e) en colère".

3°/ **"ti"** (avec une tournure négative)

"sé pa ti mò moun mò" : "les gens sont morts en grand nombre"

"sé pa ti mò i mò" : "il (elle) est réellement mort(e)".

"sé pa ti chanté Pyè chanté" : "Pierre ne chante pas qu'un peu"
"sé pa ti fè yo fè kont mwen" : "ce n'est pas peu de choses qu'ils ont faites contre moi"
"sé pa ti kay Pyè ja fè" : "Pierre n'a pas fait que peu de maisons".

"sé pa ti lékòl i alé" : "il (elle) est allé(e) beaucoup à l'école"
"sé pa ti alé i alé lékòl" : (id.).

"sé pa ti travay i sa travay" : "il (elle) sait vraiment travailler"
"sé pa ti manjé i dwèt manjé" : "il (elle) doit manger beaucoup".

"sé pa ti lajan Pyè ba Pòl" : "Pierre a donné beaucoup d'argent à Paul"
"sé pa ti ba Pyè ba Pòl lajan" : (id.).

"sé pa ti mandé yo mandé mwen pati" : "ils (elles) m'ont beaucoup demandé de partir"
"sé pa ti lajan yo pwomèt mwen" : "ils (elles) m'ont promis beaucoup d'argent".

"sé pa ti mi fig-la mi" : "la banane est très mûre"
"sé pa ti blan rad-la blan" : "le vêtement est très blanc"
"sé pa ti vyéfi Jili vyéfi" : "Julie est terriblement vieille fille".

"sé pa ti véyatif Pyè rété véyatif" : "Pierre est resté très vigilant"
"sé pa ti faché Pyè lévé faché" : "Pierre a piqué une grosse colère"
"sé pa ti makak Pyè tounen makak" : "Pierre s'est transformé en macaque pour de bon".

Leçon 40

La réduplication

(suite)

4°/ "vyé"

"man éséyé dòmi an vyé ti dòmi" : "j'ai essayé de faire un petit somme".

5°/ "bèl"

"Pyè dòmi an bèl dòmi" : "Pierre a fait un beau somme"
"sé moun-la mò an bèl mò" : "les gens sont morts en quantité"
"i mò an bèl lanmò" : "il (elle) a eu une belle mort"
"i chanté an bèl chanté" : "il (elle) a chanté d'un seul trait"
ou ("une belle chanson").

"i chayé an bèl dlo" : "il (elle) a porté beaucoup d'eau"
ou ("une belle eau")
"Pyè ka bay an bèl bay" : "Pierre donne vraiment beaucoup"
"Pyè fouté Pòl tjòk an bèl fouté" : "Pierre a donné à Paul de sacrés coups".

"Pòl rann an bèl rann" : "Paul a sacrément rendu les coups"
"Pòl rann kou an bèl rann" : (id.).

"Pyè mandé Pòl lajan an bèl lajan" : "Pierre a demandé à Paul une sacrée somme d'argent"
"i pwomèt Pyè vini an bèl pwomèt" : "il (elle) a vraiment promis à Pierre de venir ".

6°/ **"sèl"** (parfois dans une tournure négative)

"Pyè dòmi an sèl dòmi" : "Pierre a dormi d'un seul trait"
"i manjé an sèl manjé" : "il (elle) a fait un seul repas"
"i chanté an sèl chanté" : "il (elle) a chanté une seule chanson".

"man ké anni mò an sèl mò" : "je mourrai d'un seul coup".
"sé pa an sèl mò moun ja mò" : " les gens sont morts en grand nombre".

"i chayé dlo an sèl chayé" : "il (elle) a porté de l'eau sans arrêt".

"sé pa an sèl fouté i fouté moun kou" : "il (elle) a beaucoup frappé de gens"
"sé pa an sèl moun i ja fouté kou" : ("beaucoup de gens")
"sé pa an sèl kou i ja fouté moun" : ("beaucoup de coups").

"sé pa an sèl mandé i ja mandé mwen" : "il (elle) m'a déjà beaucoup demandé"
"sé pa an sèl pwomèt i ja pwomèt mwen" : "il (elle) m'a déjà beaucoup promis".

"sé pa an sèl pati i mandé mwen pati" : "il (elle) m'a beaucoup demandé de partir".

"sé pa an sèl kouyonnad i ja di mwen":"il (elle) m'a déjà dit beaucoup de bêtises".

"sé pa an sèl alé vini nou ja alé vini" : "nous avons déjà fait de nombreux va-et-vient"
"sé pa an sèl malad Pyè ja malad" : "ce n'est pas la première fois que Pierre est malade"
"sé pa sèl makak Pyè ka tounen makak" : "ce n'est pas la première fois que Pierre se transforme en macaque".

7°/ "an bèl jé"

"Pyè dòmi an bèl jé dòmi" : "Pierre a vraiment beaucoup dormi"
"moun mò an bèl jé mò" : "des gens sont morts en grand nombre".

"i fè an bèl jé kay" : "il (elle) a fait un grand nombre de maisons"
"Pyè sav an bèl jé bagay" : "Pierre sait beaucoup de choses".

"i ka prété an bèl jé prété" : "il (elle) prête vraiment beaucoup"
"i ba an bèl jé moun lajan" : "il (elle) a donné de l'argent à beaucoup de gens"
"i ba moun an bèl jé lajan" : "il (elle) a donné beaucoup d'argent aux gens".

"Pyè bèl an bèl jé bèl" : "Pierre est vraiment beau"
"ni an bèl jé moun" : "il y a vraiment beaucoup de monde"
"sé moun-la tounen makak an bèl jé makak" : "les gens ont été transformés en macaques en grand nombre".

"i alé lékòl an bèl jé alé" : "il (elle) a fait de longues études"
"i alé lékòl an bèl jé lékòl" : (id.)
"i alé an bèl jé lékòl" : : (id.).

Leçon 41

La réduplication

(fin)

8°/ "bon kalté"

"Pyè ka dòmi bon kalté dòmi a" : "Pierre dort ce qui s'appelle dormir"
(sens abstrait)

"Pyè ka dòmi an bon kalté dòmi" : "Pierre dort d'un sommeil de bonne qualité"
(sens concret).

"Pyè mò bon kalté mò a" : "Pierre est mort pour de bon".

"Pyè ka chanté bon kalté chanté a " : "Pierre chante ce qui s'appelle chanter"
"chouval-la ka kouté bon kalté kouté a" : "le cheval coûte très cher".

"Pyè ka bay bon kalté bay la" : "Pierre donne ce qui s'appelle donner".

"Pyè ka ba moun kou bon kalté bay la" : "Pierre donne beaucoup de coups aux gens"
"Pyè ka ba moun kou bon kalté bay kou a" : "(id.).

"Pyè pwomèt nou vini bon kalté pwomèt la" : "Pierre nous a promis de venir vraiment".

"**Pyè sòt bon kalté sòt la**" : "Pierre est sacrément sot"
"**Pyè tonbé malad bon kalté malad la**" : "Pierre est vraiment tombé malade".

9°/ "anlo"

"**i ka dòmi anlo**" : "il (elle) dort beaucoup"

Dans cette phrase, "**anlo**" est un complément, et il ne s'agit pas d' un cas de réduplication. Par contre, dans la phrase :

"**i ka chanté anlo chanté** : "il (elle) chante beaucoup",

on a un cas de réduplication, si "**chanté**" est considéré comme un verbe. Dans le cas contraire, si "**chanté**" est un nom, on obtient le sens de :
"il (elle) chante beaucoup de chansons".

10°/ "titak - tibren"

"**Pyè ka dòmi tibren dòmi**" : "Pierre dort beaucoup" (antiphrase).

11°/ "lo"

"**lo dòmi i ka dòmi...**" : "tout le temps qu'il(elle) passe à dormir..."
"**lo lékòl ou ka alé a, pa ka fè mwen pè**" : "tes nombreuses études ne me font pas peur".

12°/ "tèlman"

"sé pa tèlman dòmi i dòmi" : "il (elle) n'a pas dormi tant que ça"
"sé pa tèlman mò Pyè mò..." : "ce n'est pas parce que Pierre est mort...".

"sé pa tèlman alé i alé lékòl" : "il (elle) n'a pas été beaucoup à l'école"
"sé pa tèlman kouté chouval-la kouté" : "le cheval ne coûte pas si cher".

"sé pa tèlman i prété mwen lajan" : "il (elle) ne m'a pas prêté tant d'argent"
"sé pa tèlman pwomèt i pwomèt nou lajan" : "il (elle) ne nous a pas tellement promis d'argent".

"sé pa tèlman pòv Pyè vini pòv" : "Pierre n'est pas devenu si pauvre que ça".

13°/ "dé - twa- kat"

"sé pa kat dòmi Pyè dòmi" : "Pierre n'a pas tellement dormi"
"sé pa dé alé i alé lékòl" : "il (elle) est allé(e) beaucoup à l'école".

14°/ "an bon tibren"

"i dòmi an bon tibren dòmi" : "il (elle) a beaucoup dormi" (antiphrase)

15°/ "tout" (surtout pour la concession)

"**tout dòmi i ka dòmi a**" : "quoiqu'il (elle) dorme beaucoup"
"**tout chayé i chayé moun-la**..." : "bien qu'il (elle) ait transporté les gens..."
"**épi tout moun-la i chayé**..." : "malgré tous les gens qu'il (elle) a transportés...".

Leçon 42

Les subordonnées temporelles

Elles sont introduites par les locutions conjonctives :

"konsa", "avan", "apré",
"pandan - toupandan - toukon",
"dépi", "dépi lè-a - dépi jou-a",
"touttan", "jistan - jisatan - jiktan - jikatan",
"chaklè", "konsa - owa - owala",
"lè".

On peut rajouter, dans la phrase, facultativement, l'expression **"ou wè"**.

1°/ **"konsa"** ("aussitôt que") :

"konsa, ou wè, Pyè rivé, nou pati" : "aussitôt que Pierre est arrivé, nous sommes partis"

"nou pati konsa Pyè rivé" : "nous sommes partis aussitôt que Pierre est arrivé".

On peut aussi rendre la simultanéité par la réduplication :

"rivé Pyè rivé, nou pati" : "aussitôt que Pierre est arrivé, nous sommes partis"

"rivé Pyè ka rivé, Pòl ka pati" : "pendant que Pierre arrive, Paul part "

(tour avec **"ka"** , moins fréquent qu'avec **"pandan"**)

"rivé Pyè té ka rivé..." : "chaque fois que Pierre arrivait..." (tour moins fréquent qu'avec **"chaklè"**).

2°/ **"avan"** ("avant que") :

"avan i planté yanm-lan, fòk Pyè sèklé" : "avant qu'il ne plante l'igname, il faut que Pierre sarcle"
"avan planté yanm-lan, fòk Pyè sèklé" : (id.)
"avan Pyè planté yanm-lan, fòk i sèklé" : (id.)

"avan ou wè i tonbé, man tjenbé'y" : "avant qu'il (elle) ne tombe, je l'ai retenu(e)".

N.B. "avan manjé" : "avant de manger" (tour figé).

3°/ **"apré"** ("après que")

"apré ou pati, Pyè ay dòmi" : "après que tu es parti, Pierre est allé dormir".

N.B. "apré manjé" : "après manger" (tour figé).

4°/ **" pandan - toupandan - toukon"** ("pendant que")

"toupadan Pyè té ka travay, Pòl té ka dòmi" : "pendant que Pierre travaillait, Paul dormait"
"toukon Pòl té ka rivé, Pyè té ka pati" : "pendant que Paul arrivait, Pierre partait"
"toupandan ou wè man té ka palé" : "pendant que je parlais".

N.B. "toukon zòt ka wè Pòl la.." : "tel que vous voyez Paul...".

5°/ **"dépi"** ("depuis que - à partir du moment où")

"dépi Pyè pa ka travay la..." : "depuis que Pierre ne travaille pas..."
"dépi ou wè masonn-la fini a.." : "depuis que le mur est terminé...".

N.B. Dans les deux phrases précédentes, il faut noter l'emploi du déterminant **"la"** ou **"a"**.

6°/ " dépi lè-a - dépi jou-a" ("depuis le moment où - depuis le jour où")

"dépi jou-a ou wè nou wè Pyè adan lanmè-a" : "depuis le jour où nous avons vu Pierre dans la mer".

7°/ "touttan" ("tant que")

"touttan nou ké isi-a" : "tant que nous serons là"
"touttan ou wè yo pa (ké) dépann lègzanmen-an" : "tant qu'ils (elles) n'auront pas décroché l'examen".

8°/ "jistan - jisatan - jiktan - jikatan" ("jusqu'à ce que")

"pa brennenn jistan man déviré" : "ne bouge pas jusqu'à ce que j'arrive".

9°/ "chaklè" ("chaque fois que")

"chaklè (ou wè) i ka pasé bò mwen" : "chaque fois qu'il (elle) passe à côté de moi".

10°/ "konsa - owa - owala" ("dès que - aussitôt que")

"konsa ou jwenn Pyè, kriyé'y ba mwen" : "dès que tu rencontreras Pierre, appelle-le moi"
"owala ou wè nou fini, nou ké vini" : "dès que nous aurons fini, nous viendrons".

11°/ lè" ("quand - lorsque")

"lè ou wè man pa wè Pyè, man té pè" : "quand je n'ai pas vu Pierre, j'ai eu peur"
"lè ou dwé an moun épi ou pa ni lajan, sa rèd" : "quand tu dois de l'argent à quelqu'un et que tu n'en as pas, c'est dur".

Leçon 43

Les subordonnées de cause

Elles sont introduites par les locutions conjonctives :

"pas", "pis - piski",
"zafè", "davrè",
"kon - toukon",
"pou lapéti", "diwè".

On peut également rajouter, dans la phrase, l'expression **"ou wè"**.

1°/ "pas" ("parce que")

"nou pa alé lékòl pas nou té ka véyé bèf" : "nous ne sommes pas allés à l'école parce que nous surveillions les boeufs"
"pas ou wè nou té ka véyé bèf, nou pa alé lékòl" : "c'est parce que nous surveillions les boeufs que nous ne sommes pas allés à l'école".

2°/ "pis - piski" ("puisque")

"pis ou ja la anni pran mato-a ba mwen" : "puisque tu es là, prends donc le marteau pour moi"
"pis ou wè ou ja la.." : "puisque tu es là...".

3°/ "zafè" ("du fait que - puisque")

"zafè Pyè pa ka travay la pa ka djè fè mwen plézi" : "le fait que Pierre ne travaille pas ne me fait guère plaisir"

"**zafè Pyè pa ka travay la, man pa ka travay nonpli**" : "puisque Pierre ne travaille pas, je ne travaille pas non plus"
"**man pa ka travay, zafè Pyè pa ka travay la**" : "je ne travaille pas, du fait que Pierre ne travaille pas"
"**zafè Pyè pa ka travay la, i pé ké ni lajan**" : "puisque Pierre ne travaille pas, il n'aura pas d'argent"
"**zafè man pa ka travay la, man pé pa achté pa menm an pen**" : "puisque je ne travaille pas, je ne peux même pas acheter un pain"
("**la**" obligatoire).

4°/ "**davrè**" ("du fait que - puisque")

"**man pa vini lakay ou davrè man pa té sav ki koté ou té ka rété**" : "je ne suis pas venu chez toi, puique je ne savais pas où tu habitais"
"**davrè ou wè tyanmay li a té kanyan, Pyè rété akay li**" : "puisque son fils était patraque, Pierre est resté chez lui".

5°/ "**diwè**" ("puisque" - "vu que")

"**diwè mwen pa palé ba'y, i konprann man té faché**" : "vu que je ne lui ai pas parlé, il (elle) a pensé que j'étais fâché"
(on peut parfois rencontrer un "**di wè ki**" qui appartient au créole francisé).

5°/ "**kon - toukon**" ("comme")

"**toukon**" conserve une valeur temporelle : "pendant que"

"**toukon man té ka palé, i té ka ri mwen**" : "pendant que je parlais, il (elle) se moquait de moi"
"**kon nou pa té sav sa ou té lé, nou pa fè ayen**" : "comme nous ne savions pas ce que tu voulais, nous n'avons rien fait".

6°/ "pou lapéti" ("eu égard au fait que" - par égard pour - eu égard à")

"pou lapéti man konnèt papa'w, man pé ké pini'w" : "eu égard au fait que je connais ton père, je ne te punirai pas"
"pou lapéti madanm ou, man pa ka di'w ayen" : "par égard pour ta femme, je ne te dis rien"
"pou lapéti ou wè man konnèt papa'w..." : "eu égard au fait que je connais ton père...".

Leçon 44

Les subordonnées de concession

Elles sont introduites par

"magré ",
"kanmenm",
"menm",
"tout",
"tou"
(on peut également rajouter l'expression "**ou wè**") :

1°/ "**magré**" ("quoique - bien que")

"**magré nou endé'y, i pa touvé chimen'y (kanmenm)**" : "bien que nous l'ayons aidé(e) , il (elle) n'a (quand même) pas trouvé son chemin" (on peut trouver "**kanmenm**", rajouté en fin de phrase).

2°/ "**kanmenm**" ("même si")

"**kanmenm i sé ba mwen lajan, man pa sé viré byen épi'y**" : "même s'il (elle) me donnait de l'argent, je ne me réconcilierais pas avec lui (elle)".

"**kanmenm ou présé, ou pé pasé wè mwen kanmenm**" : "même si tu es pressé(e), tu peux quand même passer me voir "

(avec le corrélatif "**kanmenm**")

"**kanmenm ka fè nwè, man té ka rivé touvé chimen mwen kanmenm**" : "même dans le noir, j'arrivais quand même à trouver mon chemin"

(également avec le corrélatif "**kanmenm**").

"**magré ou wè nou té présé, nou ay di'y bonjou**" : "quoique nous fussions pressés, nous sommes allés lui dire bonjour"
"**kanmenm ou wè i sé vini, man pa sé risivrè'y**" : "même s'il (elle) était venu(e), je ne l'aurais pas reçu(e)".

3°/ "**menm**" ("bien que - même si")

"**menm i pòkò rivé , nou kay pati**" : "bien qu'il (elle) ne soit pas encore arrivé(e), nous allons partir"
"**mem ou wè i ka ba mwen kou, man enmen'y toujou**" : "bien qu'elle (il) me donne des coups, je l'aime toujours" .

4°/ "**tou**" - "**tout**"
(avec réduplication : "malgré", "avoir beau")

"**tou palé (ou wè) i ka palé fò a**" : "il (elle) a beau parler fort"

mais
"**tout palé i ka palé fò a pa ka fè mwen pè**" : "le fait qu'il (elle) parle fort ne me fait pas peur".

"**tout wonm i bwè wonm-lan, i pa boulé**" : "malgré tout le rhum qu'il (elle) a bu, il (elle) n'est pas ivre"
"**tout bwè i bwè wonm-lan...**" : "il (elle) a beau avoir bu beaucoup de rhum...".

"**nou pa djè enmen tout palé i ka palé fò a**" : "nous n'aimons guère le fait qu'il (elle) parle fort"
"**tout mèt lékòl i mèt lékòl la..**" : "il (elle) a beau être instituteur(trice)...".

"**tout pa malen i pa malen an, i rivé trapé lègzanmen-an**" : "il (elle) a beau n'être pas malin(e) , il (elle) a quand même décroché l'examen"
"**tout pòkò manjé i pòkò manjé a...**" : "il (elle) a beau n'avoir pas encore mangé..."
"**tout gran Pyè gran an...**" : "Pierre a beau être grand...".

Les subordonnées de but

Elles se construisent avec "**pou**" ("pour") :

"**i fè sa pou (i) (pé sa) trapé boul-la**" : "il (elle) a fait ça pour attraper le ballon"
"**pou ou wè i rivé la, sé pa dé kalpat i halé kalpat**": "pour en arriver là, il (elle) n'a pas rampé qu'un peu".

Les subordonnées de conséquence

Elles se construisent avec "**tèlman**", "**sitèlman**", "**tansifèt**" :

1°/ "**tèlman**" ("tellement" - "tant que")

"**Pyè tèlman kouyon, i pa ka konprann ayen**" : "Pierre est tellement sot qu'il ne comprend rien"

"**ès ou kwè Pyè tèlman kouyon (ki) i pé pa konprann sa ?**" : "pensez-vous que Pierre soit stupide au point de ne pas comprendre ça ?"

"**Pyè fò tèlman ki wòch-tala pa ayen pou'y**" : "Pierre est tellement fort que cette roche n'est rien pour lui"

"**Pyè tèlman pa sa travay ki i pa ni kliyan**" : "Pierre ne sait tellement pas travailler, qu'il n'a pas de clients"
(avec "**ki**" quand il y a un verbe après "**tèlman**").

2°/ "**sitèlman**" ("tellement que" - "tant ... que")`

"**Pyè sitèlman wo ki i pa rivé pasé**" : "Pierre est tellement grand qu'il n'est pas parvenu à passer".

3°/ "tansifèt" ("si bien que") - peu répandu

"yo fè anlo voukoum tansifèt nou pati" : "ils (elles) ont fait un tel bruit si bien que nous sommes partis".

Leçon 45

La coordination

La liaison entre les mots ou les propositions dans une phrase se fait au moyen des éléments suivants :
"épi",
"ouben - oben - o",
"mé - poutan",
"donk - kidonk",
"é",
"nì",

ou encore avec des conjonctions du créole francisé **"néyanmwen"**,
"kaw",
"òw".

1°/ "épi" ("avec", "et")

"Pyè ka bwè épi i ka manjé"
"Pyè ka bwè épi ka manjé"
"Pyè ka bwè épi manjé" : "Pierre boit et mange"
(même traduction pour les trois phrases, mais on note la suppression du pronom personnel et de "**ka**").

"Pyè ka bwè épi manjé pou ayen" ; "Pierre est nourri à l'oeil"
"Pyè ka bwè manjé pou ayen" : (id.)
(mais il y a ici composition, alors qu'il y a coordination dans la première forme).

"Pyè épi Fifi ka dòmi" : "Pierre et Fifi dorment"
"Pyè épi li kay lékòl" : "Pierre et lui vont à l'école"
(ici, "**li**" est sujet, mais dans

"**Pyè kay lékòl épi'y**" : "Pierre va à l'école avec lui" , "y" est complément. Il s'agit d'accompagnement).

"**i ka sèvi épi'y**" : "elle se sert de lui"
"**i ka sèvi épi'w**" : "elle se sert de toi"
(Dans ces deux cas, il s'agit d'utilisation, comme d'un instrument) .

"**wou épi li, zòt kay lékòl**" : "toi et lui, vous allez à l'école"
"**nou épi zòt, nou ké pati ansanm**" : "nous et vous, nous partirons ensemble"
"**Pyè ka manjé pen épi bè**" : "Pierre mange du pain et du beurre"
("il mange du pain avec du beurre" - "il mange du pain beurré").

"**i wè yo épi zòt**" : "il (elle) les a vu(e)s avec vous"
("il (elle) a vu eux (elles) et vous")
"**i wè Pyè épi li**" : "il (elle) a vu Pierre et lui (elle)"
(les deux, séparément), mais
"**i wè Pyè épi'y**" : "il (elle) a vu Pierre avec lui (elle)" (ensemble)
"**i wè'w épi Pyè**" : "il (elle) t'a vu(e) avec Pierre"
(et non pas "il (elle) a vu toi et Pierre").

"**nou wè Pyè , Pòl épi Fifi**" : "nous avons vu Pierre, Paul et Fifi" (il y a, ici, plus de deux éléments).

2°/ "**ouben - oben - o**" ("ou")

"**Pyè pé genyen an mont oben an istilo**" : "Pierre peut gagner une montre ou un stylo".

3°/ "**mé - poutan**" ("mais - pourtant")

"**Pyè piti mé i fò**" : "Pierre est petit mais il est fort"
"**Pyè fò, poutan i piti**" : "Pierre est fort, pourtant il est petit".

4°/ "donk - kidonk" ("donc")

"nou pa ni lajan, donk (kidonk) nou pé pa fè ayen" : "nous n'avons pas d'argent, donc nous ne pouvons rien faire".

5°/ "ni" ("ni")

"nou pa lé wè ni Pyè ni Pòl" : "nous ne voulons voir ni Pierre ni Paul"

(négation dans ce cas) , mais on pourra avoir :

"man jété déwò ni chèz ni tab" : "j'ai jeté dehors et les chaises et les tables"

(il s'agit ici d'une énumération, donc d'une affirmation).

6°/ "kaw" ("car")

"man ka pati, kaw man pou rivé anvil avan nèvè" : "je pars, car je dois arriver en ville avant neuf heures".

7°/ "òw - è" ("or")

"Pyè ka mandé mwen endé'y, òw(è) man pa ni ayen" : "Pierre me demande de l'aider, or je nai rien".

8°/ "néyanmwen - sèpandan " ("néanmoins - cependant")

"man pa ni anpil lajan, néyanmwen (sèpandan) , man kay péyé" : "je n'ai pas beaucoup d'argent, néanmoins (cependant) je vais payer".

N.B. Les trois dernières phrases appartiennent au créole francisé, qu'il n'est pas souhaitable d'imiter.

Leçon 46

Les subordonnées relatives

Il faut rappeler qu'une relative qui a comme antécédent un nom accompagné de l'article défini ("**la**" ou "**a**"), doit obligatoirement se terminer par un article défini de rappel ("**la**" ou "**a**") :

"**boug-la ki ka rété Fòdfrans la**" : "le type qui habite Fort-de-France".

Il faut également rappeler que, dans l'interrogation, l'interrogatif ("**ki**" ou autre) doit toujours être repris par un relatif :

"**ki moun ki pati** ?" : "quelle personne est partie ?"
(en français régional, on entendra donc souvent :
* "quelle personne qui est partie ?").

Enfin, il convient aussi de redire que le relatif sujet est traduit par "**ki**" , alors que le relatif complément prend la forme zéro :

"**boug-la man wè a**" : "le type que j'ai vu".

Dans la prononciation rapide, le relatif peut ne pas être entendu, et se fondre dans la particule qui suit. On entendra alors :

"**sé mèt-la k'ka (ki ka) palé ba yo**" : "c'est le maître qui leur parle",

d'où une possibilité de confusion avec

"**sé mèt-la ka palé ba yo**" : "les maîtres leur parlent".

N.B. "**moun-la ki ka palé a**" : "la personne qui parle"
"**moun-la / moun-la ki ka palé / ka palé ba'y la**" :
"la personne à qui parle la personne qui parle"

(on a dans ce cas une relative qui s'insère dans une autre pour désigner une tierce personne).

On note la réapparition du déterminant dans une relative appositive si celle-ci a un rôle explicatif :

"**Féfé, ki ka rété Fòdfrans la, vini wè mwen**" : "Féfé, **tu sais,** qui habite Fort-de-France, il est venu me voir".

"**boug-la ki ka pòté chimiz blé a, ka travay lizin**" : "le type qui porte la chemise bleue, il travaille à l'usine"
"**mwen ki ka travay isi-a, man pé di zòt sa vré**" : "moi qui travaille ici, je peux vous dire que c'est vrai"
"**sé fanm-la ki ka maré kann-la ka travay rèd**" : "les femmes qui attachent la canne, travaillent beaucoup".

Antécédent complément

"**lajan-an Féfé ba Pòl la ja fini**" : "l'argent que Féfé a donné à Paul est épuisé"
"**boug-la man ba'y lajan-an sé an zanmi**" : "le type à qui j'ai donné de l'argent est un ami"
"**timanmay-la mèt-la ka palé ba'y la**" : "l'enfant à qui le maître parle".

(on note la reprise de l'article défini "**la**" ou "**a**" en fin de phrase).

"**boug-la man té palé madanm mwen di'y la**", ou
"**boug-la man té palé madanm mwen an**", ou
"**boug-la man té palé madanm mwen' y la**" : "l'homme dont j'avais parlé à ma femme"

(les trois formulations ont le même sens. Le "dont" français est rendu par "**... di'y la**" ou
"**... an**" ou
"**... 'y la**").

"**koutla-a man ka koupé kann épi'y la** " : "le coutelas avec lequel je coupe la canne".

"**jou-a man vini wè'w la**" : "le jour où je suis venu te voir".

"**boug-la ou tjòké loto'y la, ka chaché'w**" : "le type dont tu as heurté la voiture, te cherche".

"**boug-la ou ka kouri vit pasé'y la**" : "le type plus vite que qui tu cours".

"**fanm-lan man kontan'y la pa enmen mwen**", ou "**fanm-lan man kontan an pa enmen mwen** : "la femme dont je suis amoureux ne m'aime pas"

(les deux formulations, " **-'y la**" et "**an**" ont le même sens).

On peut rajouter "**éti**" de façon facultative (cet élément peut être considéré comme un trait spécifiquement martiniquais, un martinicanisme) :

"**lanné-a éti ki pasé a pa té djè vayan ba nou**" : "l'année qui vient de s'écouler ne fut guère brillante pour nous".

"**madjoumbé-a éti ou prété mwen an** " : "la fourche que tu m'as prêtée".

"**madjoumbé-a éti man ka sèvi épi'y touléjou a pran lavòl**" : "la fourche dont je me sers tous les jours a disparu".

"**mwen, ki pa fè ayen a, man rivé pran lègzanmen-an**" : "moi qui n'ai rien fait, j'ai réussi à l'examen".

"**wou, man ka gadé a, man ja wè'w tjèk koté**" : "vous, que je suis en train de regarder, je vous ai déjà vu(e) quelque part".

Leçon 47

Les subordonnées de condition

Outre **"si"** et **"siyanka"**, qui ont été vus dans la phrase conditionnelle (page 81), les subordonnées de condition se construisent avec :

"dépi",
"an sipozisyon - an sipoyisyon" ou encore avec **"povik"** (créole francisé).

1°/ "dépi" ("pourvu que")

"dépi yo rimèt nou laklé-a, yo pé fè tou sa yo lé an lékòl-la" : "pourvu qu'ils (elles) nous remettent la clé, ils (elles) peuvent faire tout ce qu'ils (elles) veulent dans l'école"

"dépi yo viré tété lòd, sé tou sa nou ka mandé" : "pourvu qu'ils (elles) remettent de l'ordre, c'est tout ce que nous demandons"

"dépi ou wè i ni lajan, i pa ka gadé pli lwen" : "pourvu qu'il (elle) ait de l'argent, il (elle) ne regarde pas plus loin"

"man ka prété'w liv-la dépi ou wè ou ka rimèt mwen'y jòdi-a menm" : "je te prête le livre pourvu que tu me le remettes aujourd'hui même"
(les deux dernières phrases comprennent l'expression **"ou wè"**).

2°/ "an sipozisyon - an sipoyisyon" ("à supposer que")

"**an sipozisyon yo ba'w chwézi, kilès ou ka pran** ?" : "à supposer qu'on te laisse choisir, lequel prends-tu ?"

"**an sipozisyon ou té ké douvan finèt-la, sé wou wòch-la té ké trapé**" : "à supposer que tu te sois trouvé(e) devant la fenêtre, c'est toi que la pierre aurait atteint(e)"

"**an sipozisyon ou sé rivé avan mwen, ba Pyè lèt-tala ba mwen**" : "à supposer que tu arrives avant moi, donne donc cette lettre à Pierre"

"**an sipozisyon ou wè pa sé ni pen, nou té ké manjé lédjim**" : "à supposer qu'il n'y ait pas eu de pain, nous aurions mangé des légumes"

(les trois dernières phrases sont construites avec "**sé**" ou "**té ké**", marque du conditionnel, dans la subordonnée, alors qu'il faut un subjonctif en français).

3°/ "povik" ("pourvu que")

"**nou dakò épi sa povik yo pa pèd twòp rad** " : "nous sommes d'accord là-dessus, pourvu qu'ils (elles) ne perdent pas trop de vêtements".

La subordonnée en créole

Contrairement au français, le créole privilégie souvent la proposition subordonnée, en la plaçant avant la principale, en l'introduisant avec le présentatif "**sé**", et en introduisant l'expression "**ki fè**" :

"sé pas nou pa rété lajan ki fè nou pa pati" : "c'est parce qu'il ne nous restait pas d'argent que nous ne sommes pas partis"

"sé davrè nou té fè 'y rimatjé sa ki fè i pa té nòz di ayen" : "c'est parce que nous lui avions fait remarqué cela qu'il (elle) n' a osé rien dire"

"sé pou bèf-la pa té janbé bayè-a ki fè nou maré'y asou pitjèt-la" : "c'est pour que le boeuf ne saute pas la barrière que nous l'avons attaché au piquet"

"sé konprann i pa ka konprann kréyòl ki fè i pa réponn ou" : "c'est parce qu'il (elle) ne comprend pas le créole qu'il (elle) ne t'a pas répondu"

"sé dòmi i pa té ka dòmi ki mété'y kanyan kon sa" : "c'est parce qu'il (elle) ne dormait pas qu'il (elle) était patraque comme ça"

"sé dòktè i vini dòktè ki rann li konparézon kon sa" : "c'est parce qu'il (elle) est devenu(e) médecin qu'il (elle) est devenu(e) prétentieux(se)".

"lè ou wè ou wè mwen la, man té ja benyen" : "tel que tu m'as vu là, je m'étais déjà baigné(e) "

"wè ou wè ou wè patjé-a, man pé ké ba'w li" : "tel que tu vois le paquet, je ne pourrai pas te le donner"

"lè ou wè Pyè pati, nou pa té la" : "quand Pierre est parti, nous n'étions pas là "

(Il n'y a pas, dans ces trois dernières phrases, de présentatif "**sé**". On y note, par contre, la présence de "**ou wè**", forme explétive, c'est-à-dire qui n'a aucun sens particulier, qui est facultative, et qui est possible dans tous les cas de subordination).

"**pou ou wè i rivé la, sé pa dé kalpat i halé kalpat**" : " pour en arriver là, il (elle) n'a pas rampé qu'un peu"

"**tout prélè Pyè prélè a, i pé ké trapé pyès fanm**" : "tout élégant qu'il soit, Pierre ne séduira aucune femme"

"**tout alé ou alé lékòl-la, ou pa aprann ayen**" : "tu as beau être allé(e) beaucoup à l'école, tu n'as rien appris".

Leçon 48

Transformations de mise en relief d'éléments de la phrase créole

Il s'agit du déplacement de mots ou de groupes de mots à l'intérieur de la phrase. Cela peut se faire à l'aide du morphème de mise en relief **"pou"**.

La traduction française de cette transformation sera "pour ce qui est de...".

La phrase

"Pyè ka travay rèd" : "Pierre travaille dur",

peut se transformer en

"pou travay, Pyè ka travay rèd" ou en

"pou rèd, Pyè ka travay rèd" : "pour ce qui est de travailler dur...".

"Pyè ka bwè anlo wonm" : "Pierre boit beaucoup de rhum"

peut devenir

"pou bwè, Pyè ka bwè anlo wonm" ou

"pou wonm, Pyè ka bwè anlo wonm" : "pour ce qui est de boire du rhum, Pierre en boit vraiment beaucoup".

"Pyè vidjò menm " : "Pierre est très costaud"

peut devenir

"pou vidjò, Pyè vidjò menm".

"Pyè ka manjé zoranj" : "Pierre mange des oranges",

peut devenir

"pou manjé, Pyè ka manjé zoranj" ou

"pou zoranj, Pyè ka manjé zoranj".

"**Pyè enmen sa**" : "Pierre aime ça"
peut devenir
"**pou enmen, Pyè enmen sa**" ou
"**pou sa, Pyè enmen sa**".

On peut aussi se servir de "**pou sa** !" ("ça oui !").
Ainsi, toutes les phrases précédentes pourront se transformer en
"**pou sa, Pyè ka travay rèd**"
"**pou sa, Pyè ka bwè anlo wonm**"
"**pou sa, Pyè vidjò**"
"**pou sa, Pyè ka manjé zoranj**".

Par ailleurs, on pourra rencontrer des cas de dislocation, qui est une des transformations de mise en relief, et qui ne concerne que les noms et les pronoms .
Ainsi , la phrase

"**Pyè mété tab-la adan chanm-lan**" : "Pierre a mis la table dans la chambre"

peut se transformer en

"**Pyè, i mété tab-la adan chanm-lan**" : "Pierre, il a mis la table dans la chambre"

"**tab-la, Pyè mété'y adan chanm-lan**" : "la table, Pierre l'a mise dans la chambre"

"**chanm-lan, Pyè mété tab-la adan'y**" : "la chambre, Pierre a mis la table dedans".

On peut aussi avoir d'autres transformations :

"**Pyè, li, i mété**..." : "Pierre, lui, il a mis..."
"**tab-la, li, Pyè mété'y**..." : "la table, lui , Pierre l'a mise..."
"**chanm-lan, li, Pyè mété**..." : "la chambre, lui , Pierre a mis..."
"**li, Pyè, i mété**..." : "lui, Pierre, il a mis...".

Avec les pronoms personnels, on peut aussi avoir un certain nombre de déplacements. Ainsi, la phrase

"**Pyè sòti...**" : "Pierre est sorti..."

peut se transformer en:

"**Pyè, i sòti...**" : "Pierre, il est sorti..."
"**Pyè, li, i sòti..**" : "Pierre, lui, il est sorti..."
"**li, Pyè, i sòti..**" : "lui, Pierre, il est sorti..."
"**i sòti, li , Pyè...**" : "il est sorti, lui, Pierre..."
"**i sòti, Pyè, li...**" : "il est sorti, Pierre, lui...".

N.B D'autres transformations peuvent modifier le sens de départ d'une phrase. Ainsi, la phrase

"**mèt-la palé**" : "le maître a parlé"

peut subir les transformations suivantes :

"**sé mèt-la ki palé**" : "c'est le maître (et pas quelqu'un d'autre) qui a parlé"

"**sé mèt-la ki palé a**" : "c'est le maître qui a parlé (ce maître-là, pas un autre)"

"**tala ki palé a, sé mèt-la**" : "celui qui a parlé, c'est le maître" .

Outre la réduplication (voir page 161), l'emploi du morphème "**pou**" (voir page 197) et la dislocation (voir page 198), on aura aussi, parmi les processus de mise en relief, la tournure

"**sé vini man ka vini**" : "je viens réellement"
"**sé travay i ka travay**" : "il (elle) travaille vraiment",
où l'on remarque, après le présentatif "**sé**", la répétition du verbe.

Leçon 49

Quelques adverbes

"absolument"	: **"asiré pa pitèt, an tout mannyè"**
"d'abord"	: **"avan, dabò pou yonn, an yonn"**
"aux alentours"	: **"alantou, pabò, an latouwonni"**
"alors"	: **"alòs, alò, poulòs"**
"apparemment"	: **"nè, nèyè, mèyè"**
"approximativement"	: **"apipré"**
"assez"	: **"asé, to, bèl, "**
"assurément"	: **"asiré pa pitèt"**
"au-delà"	: **"dèyè, an déwò"**
"auprès de"	: **"bò, pabò, o, oti"**
"aussi"	: **"tou, osi"**
"aussitôt que"	: **"la menm, sito, owa, owala, ansanm"**
"autour"	: **"alantou, oliwon, aléliwon, owon"**
"autrement"	: **"okontrè"**
"autrefois"	: **"an tan lontan, nanni nannan, lontan"**
"en bas"	: **"anba"**
"beaucoup"	: **"anlo, anpil, anchay, toubannman, épisétout, anpatjé, an boul, an bon enpé, an bon tibren, an grap, an étsétéra"**
"bientôt"	: **"tanto, talè"**
"bravo"	: **"bravo, wè"**
"brutalement"	: **"blogodo"**
"à califourchon"	: **"ala kalifouchon"**
"carrément"	: **"blo, toubannman, karaktèman"**
"cependant"	: **"toufwazékant"**
"certainement"	: **"asiré"**
"c'est-à-dire"	: **"kivèdi"**
"chez"	: **"kay, lakay, akay, éti"**
"combien"	: **"konben, konmen"**
"comment"	: **"ki mannyè, kouman, mannyè, koumannyè"**

"complètement"	: **"an menm, toubannman, bout pou bout"**
"au contraire"	: **"okontrè"**
"d'ailleurs"	: **"dayè, pou dayè"**
"dedans"	: **"andidan"**
"dehors"	: **"déwò"**
"de même que ... de même"	: **"kon ... kon"**
"en dépit de"	: **"magré"**
"dernièrement"	: **"pa ni lontan, ni tjèk tan"**
"désormais"	: **"jòdi"**
"dessous"	: **"anba"**
"au-dessus de"	: **"anwo", "anlè"**
"devant"	: **"douvan"**
"difficilement"	: **"malman"**
"directement"	: **"dirèk, tjou pou tèt, tou drèt"**
"donc"	: **"donk, kidonk"**
"étant donné que"	: **"konm"**
"doucement"	: **"tou dous, dousman"**
"en haut"	: **"anlè-a"**
"énormément"	: **"anpil, étsétéra"**
"entièrement"	: **"toutafètman"**
"à l'entour"	: **"lantou"**
"entretemps"	: **"antrètan"**
"environ"	: **"owonzon, apochan"**
"et caetera"	: **"épi tout konsa, kisasayésa"**
"exactement"	: **"dyèktèman, ègzaktiman"**
"exprès"	: **"èspré, èsprèsman, tout èspré"**
"extra"	: **"obidjoul"**
"à l'extrême"	: **"o dènyé bout, sansannalé"**
"extrêmement"	: **"anpil"**
"facilement"	: **"fasilman, déflouz"**
"en fin de compte"	: **"an final di kont"**
"à la fin des fins"	: **"an final di tout"**
"une fois pour toutes"	: **"an fwa pou bon"**
"à foison"	: **"an blòk"**
"à force"	: **"afòs afòs"**
"franchement"	: **"franchman, franchtéman"**
"gare !"	: **"penga !"**
"de guingois"	: **"kòchi, an biskankwen, an travè"**
"heureusement"	: **"anbonnè, érèzman"**
"ho hisse !"	: **"ralé o !"**
"hors"	: **"déwò, an déwò"**

"hourrah !"	:	**"wè !"**
"ici"	:	**"isi, isi-a"**
"ici même"	:	**"atè isi-a"**
"immédiatement"	:	**"an blipann, la menm"**
"impitoyablement"	:	**"aristoudbak, san manman"**
"indéfiniment"	:	**"san rété"**
"jadis"	:	**"an tan lontan, nanni nannan, ni syèk"**
"juste"	:	**"jis"**
"au juste"	:	**"ojis"**
"tout juste"	:	**"jistikont, jiskont- jiskont"**
"là-bas"	:	**"laba, laba-a"**
"là-haut	:	**"anlè-a"**
"au lieu"	:	**"olyé, an lyé, an plas"**
"longtemps"	:	**"lontan"**
"belle lurette"	:	**"nanni nannan"**
"maintenant"	:	**"atjòlman, aprézan, la menm"**
"malheureusement"	:	**"malérèzman"**
"malhonnêtement"	:	**"malman"**
"au fur et à mesure"	:	**"an mizi an mizi"**
"à moitié"	:	**"a dimi"**
"en ce moment"	:	**"aprézan, atjòlman"**
"à ce moment"	:	**"an lè"**
"mutuellement"	:	**"yonn a lòt"**
"naguère"	:	**"ni tjèk tan, pa ni lontan"**
"néanmoins"	:	**"magré sa, magré tout"**
"au même niveau"	:	**"kantékant"**
"nonchalamment"	:	**"pyanm-pyanm"**
"nullement"	:	**"pyès"**
"nulle part"	:	**"pyès koté"**
"à l'oeil"	:	**"pou ayen"**
"en outre"	:	**"apadisa"**
"parmi"	:	**"adan, an mitan"**
"partout"	:	**"toupatou"**
"pas du tout"	:	**"pyès, pyès pa"**
"peu"	:	**"tibren, titak, timyèt, tigout, enpé, ti mannyè"**
"précisément"	:	**"jistéman, èkzak, fann"**
"près"	:	**"pré"**
"près de"	:	**"pa bò, ora"**
"tout près"	:	**"kantékant"**
"prestement"	:	**"vitman présé, nèt"**
"quelquefois"	:	**"délè"**

"rapidement" : **"vitman, vitman présé"**
"récemment" : **"ni tjèk tan, pa ni lontan, lòt jou-a"**
"réellement" : **"pou tout bon"**
"régulièrement" : **"toulong"**
"rien" : **"ayen, hak"**
"au sein de" : **"an mitan, an bon mitan"**
"selon" : **"dapré, sulon, sélon"**
"seulement" : **"anni, sèlman, yen ki"**
"simplement" : **"anni"**
"sinon" : **"san sa, ousnon"**
"soudain" : **"la menm, blip, vitman"**
"souvent" : **"souvan, titak fwa"**
"suffisamment" : **"sifizanman"**
"bien sûr" : **"asiré pa pitèt"**
"sûrement" : **"asiré"**
"du tac au tac" : **"chou pou chou"**
"tant pis" : **"zafè kò"**
"dans le temps" : **"an tan lontan"**
"au temps de" : **"an tan"**
"tout le temps" : **"toulong, toujou"**
"terriblement" : **"anlo, anpil"**
"tôt" : **"bonnè"**
"très tôt" : **"gran bonnè, opipirit"**
"totalement" : **"an tout"**
"toujours" : **"toujou"**
"tout à fait" : **" byen, tou, toutafètman"**
"tout de même" : **"kanmenm"**
"tout de suite" : **"la menm"**
"toutefois" : **"toutfwazékant"**
"au/en travers" : **"antravè, atravè"**
"très" : **"menm, toubannman, anlo"**
"trop" : **"two, twòp"**
"à vau-l'eau" : **"an dézòd"**
"en vérité" : **"la franch vérité"**
"vis-à-vis" : **" ba"**
"vite" : **"vit, vitman, vitman présé, sé van"**
"vivement" : **"vitman"**
"à la volée" : **"alavòl"**

Leçon 50

Quelques onomatopées

"bay lè" : pour pouvoir avancer

"bip / bokoto" : chute brutale

"blip" : chute

"blogodo" : chute, vacarme

"bloukoutoum": dégringolade

"boum" : chute lourde

"chèlèlè" : cri d'enfant gâté

"cho cho cho" : manoeuvre délicate

"chou" : devant un obstacle, ou pour chasser poules et coqs.

"doudoum" : bruit de fusil

"dya" : embrayeur pour le conte

"flip / chwa / zim / vlap / blap / bim" : chute légère

"kokiyoko / kikiyiki" : cri du coq

"krik krak / timtim bwa sèk / aboubou dya" : embrayeur pour le conte

"kwililik" : cri d'arrivée ou de départ

"**kya kya kya**" ou "**kra kra kra**" : rire

"**mach**" : pour chasser les chiens

"**plim / pim**" : pour une gifle

"**po**" : chute, éclatement

"**roy roy roy**" : pour mimer les voix

"**swit**" : douleur ("aïe")

"**tamtikitikdam / tamtikidam / titak / tamtam**" : articulation dans le conte

"**tikiting**" : bruit répété

"**tja tja tja**" : rire

"**tjip**" : agacement, mépris

"**tjotjo** : cri d'appel pour le cochon

"**tjouf / tjouboum / plouf**" : chute dans l'eau

"**tjoup**" : pour le bruit du baiser

"**tototo**" : coups frappés pour s'annoncer

"**wap / wacha**" : pour la lutte

"**wap / wabap / bligidip / blo / flap**" : chute

"**way / anmwé**" : appel au secours

"**wopa**" : admiration ironique

"**woy**" : énervement

"**yélélé**" : douleur ou étonnement

"**yépa**" : surprise de plaisir

Index alphabétique

Table des matières

653180 - Mai 2016
Achevé d'imprimer par